www.ingramcontent.com/pod-product-compliance
Lightning Source LLC
LaVergne TN
LVHW040158080526
838202LV00042B/3215

اسلامی معاشرہ

اور

مسلم ذہنیت

انتخاب و ترتیب

اشعر نجمی

Bright Books

© Ashar Najmi

Islami Muashra Aur Muslim Zehniyat
by Ashar Najmi
Bright Books, Thane, India
1st Edition : November 2024
ISBN: 978-81-982771-0-7

اس کتاب کا کوئی بھی حصہ مصنف یا ناشر کی پیشگی اجازت کے بغیر کسی بھی وضع یا جلد میں کلّی یا جزوی، منتخب یا مکرر اشاعت یا بہ صورت فوٹو کاپی، ریکارڈنگ، الیکٹرانک، میکینکل یا ویب سائٹ پر اَپ لوڈنگ کے لیے استعمال نہ کیا جائے۔ نیز اس کتاب پر کسی بھی قسم کے تنازعہ کو نمٹانے کا اختیار صرف ممبئی کی عدلیہ کو ہوگا۔

Bright Books
Mira Road East, Dist. Thane, India
nidabattiwala@gmail.com

فہرست

خود بدلتے نہیں قرآں کو بدل دیتے ہیں	05	طارق احمد صدیقی
تہذیبی نرگسیت	10	مبارک حیدر
اسلام دشمنی کا مبالغہ	22	مبارک حیدر
سیکولرزم کی نئی اسلامی تعبیریں	26	خالد مسعود
اسلام اور جدیدیت	51	مبارک علی
برصغیر کی مسلم ذہنیت	62	عبدالکریم عابد
شارٹ کٹ اسلام	65	خالد مسعود
سوشل میڈیا سے خائف اشرافیہ	69	فرنود عالم
حجاب سے آگے	73	فاطمہ مرنیسی

خود بدلتے نہیں قرآں کو بدل دیتے ہیں

طارق احمد صدیقی

دین خطرے میں ہے، یہ نعرہ آپ نے متعدد بار سنا ہوگا۔ مجھے بھی اس جملے سے لفظ بہ لفظ اتفاق ہے۔ لیکن کیوں اور کیسے خطرے میں ہے، اس پر میری رائے بہت سے لوگوں سے علیحدہ ہے۔

ہمارا دین آج سے چودہ سو سال پہلے وجود میں آیا اور پہلا خطرہ اس دین کو تب پیش آیا جب عالم اسلام میں یونانی فلسفہ داخل ہوا۔ اس وقت کے مسلمانوں نے اس خطرے سے نبرد آزما ہونے کی کوشش کی لیکن اس کے نتیجے میں اسلام میں علوم عقلیہ کا ظہور ہوا اور ہر بات کو عقل کی میزان پر تولا جانے لگا۔ ذات باری تعالیٰ کے متعلق مختلف قسم کے سوالات کیے جانے لگے، وجودی اور شہودی جھگڑا پیدا ہوا۔ وحی و رسالت پر مختلف قیاس آرائیاں ہونے لگیں اور عقیدہ ایسا غیر متزلزل ہوا کہ اس کے اجزائے ترکیبی کے ٹوٹنے بکھرنے کا سلسلہ آج تک جاری ہے۔

دوسرا خطرہ دور جدید میں مغرب کے فلسفیانہ اور سائنسی علوم کے ساتھ ساتھ ٹکنالوجی کے ہمہ گیر عالمی غلبہ سے پیدا ہوا اور عقائد دینیہ کے ساتھ ساتھ شریعت اسلامیہ بھی سوالات کے دائرے میں آ گئی۔ اب عقیدہ کے ساتھ ساتھ اسلامی قوانین، احکام اور ہدایات کی غیر موزونیت پر گفتگو ہونے لگی۔ ایسے متکلمین پیدا ہوئے جنھوں نے اسلام کے درجن بھر سے زائد مستند احکام، ہدایات اور قوانین کو بدل ڈالا۔ انھوں نے مغربی فنون لطیفہ کی ہر شکل کو حلال کیا، رقص و موسیقی، مصوری، سنگ تراشی، اداکاری سب کو اندھا دھند جائز کر لیا۔ قطع ید اور سنگسار جیسی سزاؤں سے انکار کیا کہ یہ اسلام کا حصہ نہیں ہیں، یتیم پوتے کی وراثت کے حق کو تسلیم کیا جو اسلام کی رو سے مجوب الارث ہے۔ ارتداد کی نئی تعریف کی اور تارک اسلام کے لیے کسی سزا کے نہ ہونے کے قائل ہوئے، خواتین کے ستر عورت کی شرعی حدود کا انکار کیا اور اوڑھنی یا دوپٹہ کی فرضیت کو خارج کیا بلکہ اس معاملے میں یہاں تک پہنچے کہ بعض نے کہا کہ خواتین کے ستر عورت کی شرعی حد عام حالات کے لیے ہے لیکن فٹ بال، کرکٹ، ٹینس، کبڈی وغیرہ کھیلتے وقت دنیا میں مروجہ لباس پہن سکتے ہیں۔ مغرب زدگی پر مبنی ایسے انحرافات بڑھتے ہی گئے، حالانکہ جو فقہی و

قانونی چور دروازے کی ایک مثال ہے اس کے خلاف لب کشائی کی۔ (حالانکہ قرآن کے مطابق تین طہر میں تین طلاق دینے کے بعد عورت مرد پر ہمیشہ کے لیے حرام ہو جاتی ہے۔ پھر اگر ایک مرد اپنی سابقہ بیوی کو واپس پانا چاہے تو حلالہ کے چور دروازے کے سوا اور کوئی راستہ نہیں ہے۔ چور دروازے تو دنیا کے بہت سے قانونوں میں ڈھونڈے جاسکتے ہیں لیکن اس سبب سے کسی قانون کو بالکلیہ ختم نہیں کر دیا جاتا) مصر کے ایک مولوی نے نامحرم مرد اور عورتوں کا مصافحہ جائز کر دیا۔ کتنے انحرافات گنوائے جائیں، باطل نظام میں ووٹ ڈالنا، جج اور وکیل بننا ہی جائز نہ ہوا بلکہ باطل نظام میں سود کھانا بھی حلال کیا گیا۔ اور تازہ ترین انحراف ہے اسلام میں 'ایل جی بی ٹی کیو' کے حقوق کو تسلیم کر لینا۔

دور جدید کے یا معاصر اسلاموں کے مختلف ایڈیشنوں میں یہ انقلابات یک بہ یک رونما نہیں ہوئے بلکہ سب سے پہلے اہلحدیث فرقہ پیدا ہوا جس نے فقہ سے پیچھا چھڑایا اور خاصی تعداد میں مسلمانوں کو غیر مقلد بنا دیا۔ اہلحدیث فرقہ نے جب فقہ کو منہدم کر دیا تو اس کے بعد اہلحدیث فرقے کے اندر سے سرسید کا ظہور ہوا اور انھوں نے احادیث کے انکار کی انوکھی طرحیں ایجاد کیں، ان کے پیچھے پیچھے بہت سے تجدد پسند چلے یہاں تک کہ مولانا اسلم جیراج پوری اور غلام احمد پرویز ایسے عظیم منکرین حدیث پیدا ہوئے۔ اسی کے متوازی مولانا مودودی ایسے مخفی اہلحدیث پیدا ہوئے جنھوں نے اسلامی فقہ کی شرط نہ صرف ہٹا دی بلکہ صحابہ پر بھی کڑی تنقیدیں کی اور صحابہ کے عمل کو حجت نہ سمجھا، مثلاً داڑھی کے مسئلے میں مودودی صاحب نے حضرت عبداللہ بن عمر رضہ اللہ عنہ کے عمل کا اعتبار نہ کیا جو ایک مشت داڑھی رکھتے تھے اور کمال بے پروائی سے فرمایا کہ ذرا وہ حدیث تو دکھاؤ جس میں اللہ کے رسول نے داڑھی کے مقدار کے متعلق کچھ فرمایا ہو۔ پس، انھوں نے بھی اہلحدیث حضرات کی طرح فقہ کی پابندی سے نجات پائی اور اس طرح ان کے ماننے والوں نے خشخشی داڑھی رکھنی شروع کی جس کا سلسلہ آج تک جاری ہے۔ پس، جب نہ صحابہ کا دینی عمل اور فہم دین حجت رہا، نہ ائمہ مجتہدین کی فقہ حجت رہی، تو اس کے بعد جرأت بڑھتی گئی، حدیثوں کا انکار کیا گیا، مدتوں سے صورتحال یہ ہے کہ جیسے ہی آپ اسلام کے کسی حکم کے متعلق کسی تجدد پسند جدید تعلیم یافتہ مسلمان سے کچھ کہیں، وہ پوچھ بیٹھتا ہے کہ کیا قرآن میں یہ حکم ہے؟ اگر قرآن میں یہ حکم نہیں ہے تو میں اس کو اسلام کا حکم نہیں مانتا؛ یعنی اسلامی فقہ، صحابہ کا عمل اور فہم دین، اللہ کے رسول صلی اللہ علیہ وسلم کی احادیث، اب یہ سب کچھ یا تو تجدد پسند اسلامسٹوں پر حجت نہ رہا یا پھر وضع شدہ اور جعلی قرار پایا۔ پھر سارا دین، اور ساری شریعت صرف اور محض قرآن تک محدود ہو گئی اور قرآن کے سوا سب کچھ کسی نہ کسی طریقے سے ناقابل اعتبار قرار دے دیا گیا۔ لیکن مسئلہ یہ تھا کہ قرآن کی قدیم اور وسطی تفاسیر بلکہ بہت سی جدید روایتی تفسیری اور ترجمے بھی دین اسلام کو جدید پانے کے پروجیکٹ میں سدراہ تھے، چنانچہ تمام روایتی تفسیروں کی بہت سی باتوں کو غیر معتبر سمجھا گیا اور لغت لے کر قرآن کی جدید ترین تفسیریں لکھی جانے لگیں۔ سب سے آخر میں اسلامی تجدد پسندی کے چمکتے ہوئے ستارے جاوید احمد غامدی کا ظہور ہوا جنھوں نے بالکل ہی ایک نیا اسلام ایجاد کر ڈالا۔ دینی اصطلاحات و لفظیات کی ایسی ایسی تعبیریں پیش کیں کہ خدا کی پناہ!

اب قارئین کو کسی حد تک میرا موقف سمجھ میں آسکتا ہے کہ اسلام خطرے میں کیوں ہے اور کن لوگوں کی وجہ سے ہے۔ دور جدید میں پہلے فقہ سے انکار کیا گیا، پھر حدیث سے انکار کیا گیا، پھر قرآن کی روایتی تفسیروں سے انکار کیا گیا اور لغت کی مدد سے من مانی تفسیر کی جانے لگی۔ حال یہ ہے کہ عالم اسلام میں ہر پانچ دس کوس پر ایک مفسر بیٹھا ہے جو دن رات قرآن کریم کی تحریری ہی نہیں، بلکہ آڈیو ویڈیو تفسیریں کرنے میں رات دن ایک کیے ہوئے ہے۔

اسلام کو اصل خطرہ اسی قسم کے منکرین فقہ، منکرین حدیث، اور لغت پرست مفسروں سے ہے جو چودہ سو سالہ اسلامی احکام اور قوانین کے برعکس جدید مغربی تہذیب سے متاثر ہو کر قرآن اور/ یا سنت کی رو سے نئے احکام وقوانین ایجاد کرنے میں مصروف ہیں۔ اس تجدد پسندانہ کوشش کا نتیجہ بہت مہلک ہوگا، خاص طور سے ان ملکوں میں جہاں مسلمان اقلیت میں ہیں۔ ایسے ملکوں میں مسلمانوں کے باہمی اختلافات سے فایدہ اٹھا کر ان پر بالکل ہی اجنبی قانون لاد دیا جاسکتا ہے۔ یہ بات میں نے ۲۰۱۶ء میں بھی کہی تھی اور اب پھر اس کا اعادہ کر رہا ہوں۔

میرا ماننا ہے کہ اسلام کو دور جدید کے علم وسائنس اور فلسفیانہ واخلاقی معیارات کے مطابق بنانے کا طریقہ جو تجدد پسندوں نے اپنایا ہے، انتہائی غلط ہے۔ وہ طریقہ یہ ہے کہ لغوی اور نیم عقلی قیل وقال کے ذریعے دور جدید میں غیر موزوں ہو جانے والے اسلامی قانونوں کے متعلق کہنا کہ وہ کبھی اسلام کا حصہ ہی نہیں تھے بلکہ صرف مسلمان علما اور فقہا کی غلطیوں اور خیانتوں کا نتیجہ تھے۔ ایسا کہنے سے چودہ سو سالہ اسلامی قوانین اسلام سے خارج نہیں ہو سکتے۔ مثلاً قتل مرتد اور رجم جیسے قوانین کے متعلق دنیا کو یہ یقین دلانا کہ یہ قوانین اسلام کا حصہ نہیں، ایک مہا بیوقوفی ہے۔ اگر اللہ تعالیٰ کی شریعت اتنی عسیر الفہم ہے کہ مسلمان علما کے جمہور ہی نہیں بلکہ ۹۰ فیصد سے زیادہ حصہ چودہ سو سالہ اسلام کو بالکل غلط سمجھتا رہا، اور صرف انیسویں بیسویں اور اکیسویں صدی کے مٹھی بھر تجدد پسندوں نے ہی اسے صحیح طور پر سمجھنے میں کامیابی حاصل کی تو سوال یہ ہے کہ اللہ تعالیٰ نے اتنی مشکلوں سے سمجھ میں آنے والی شریعت نازل ہی کیوں کی؟ کیا دنیا یہ نہ سمجھے گی کہ بارہ سے چودہ سو سال تک ہم اسلامی شریعت کے روایتی احکام وقوانین کے گن گاتے تھے، اور انیسویں سے اکیسویں صدی میں آخر ایسا کیا ہو گیا کہ درجن بھر سے زائد روایتی احکام و قوانین اسلام کا حصہ ہی نہیں رہے؟

دنیا بھر کے پڑھے لکھے لوگوں کے سامنے تمام اسلامی ماخذ کھلے ہیں، اسلامی تاریخ کا ہر باب روشن ہے، پھر یہ سمجھنا اپنی حماقت کا ثبوت دینا ہے کہ لوگ ایسی سخن سازیوں اور جدید کاریوں کو اصل اسلام سمجھیں گے۔ اسلام کو جدید یانے کے اس انتہائی غیر اصولی طریقے کا اثر یہ ہوگا کہ روایتی اسلامی فرقوں اور جدید اسلامی فرقوں کے مابین اختلافات اور تنازعات بڑھیں گے جو بالآخر فرقہ ورانہ تشدد پسندی کو ہوا دے گی اور امن عالم درہم برہم ہو کر رہے گا۔

تجدد پسندوں کو چاہیے کہ وہ ٹھنڈے دل سے غور کریں کہ آخر وہ اسلام کا یکسر نیا اڈیشن کیوں نکال رہے ہیں؟ روایتی فقہ سے انھیں اتنے زبردست اختلافات کیوں ہیں؟ وہ شعوری یا لاشعوری طور پر اسلام کی نئی قرأت

مغربی تہذیب کے معیارات کے تحت کر رہے ہیں یا نہیں؟

روایت پسندوں کو چاہیے کہ وہ تجدد پسندوں کی مجبوریوں کا علم حاصل کریں، دور جدید کے تقاضوں کو سمجھیں کہ آخر ایک شخص 'ایل جی بی ٹی' (LGBT) حقوق کو اسلام میں کیوں جگہ دینا چاہتا ہے، کیوں وہ چاہتا ہے کہ اسلام میں قتل مرتد اور رجم جیسے قوانین نہ ہوں، داڑھی رکھنے کی مجبوری نہ ہو، خواتین کے ستر عورت کی فقہی حدود میں تخفیف ہو، دور جدید کا سود حلال ہو جو بقول اس کے قرآن میں مذکور سود سے علیحدہ ہے، وہ کیوں چاہتا ہے کہ فنون لطیفہ کی تمام شکلیں حلال ہو جائیں؟ وہ رقص و سرود، موسیقی، مصوری اور مجسمہ سازی کو کیوں جائز کرنا چاہتا ہے؟ کل ملا کر روایت پسندوں کو یہ سوچنے سمجھنے، جاننے اور مطالعہ کرنے کی ضرورت ہے کہ تجدد پسند ایک ماڈرن اسلام کی ایجاد کیوں کرنا چاہتا ہے جس کے عقائد اور قوانین قدیم چودہ سو سالہ اسلام سے بہت مختلف ہیں، ماخذ کے اعتبار سے بھی اور تعبیر کے اعتبار سے بھی۔

روایت پسندوں کو ایک اور میدان میں توجہ دینی ہے۔ وہ ہے جدید تہذیب کے ذہن و مزاج کو جاننے اور سمجھنے کا۔ اس کا علم اور سمجھ اس وقت تک ممکن نہیں جب تک کہ جدید اور معاصر مغربی فلسفہ و سائنس کا ترجمہ و تشریح نہ کی جائے۔ قرون وسطیٰ میں جب عالم اسلام میں یونانی فلسفہ داخل ہوا تھا تو مسلمانوں نے یونانی فلسفہ کی کتابوں کا بڑے پیمانے پر ترجمہ کرایا بھی تھا اور کیا بھی تھا۔ اور اسی کی بدولت انھوں نے زندگی کے ہر شعبے میں اپنے دور کی ہر ایک قوم سے زیادہ ترقی کی تھی۔ آج عالم اسلام میں جدید مغربی فلسفہ کے داخلے کے بعد پھر وہی صورتحال ہے۔ اس لیے آج بھی مغربی فلسفہ کو جاننے اور سمجھنے کے لیے اس کے ترجمہ اور تشریح کی اشد ضرورت ہے۔ مغربی فلسفہ کے ترجمہ و تشریح کے میدان میں ہمارے ہاں ماضی میں کچھ کام ضرور ہوا ہے لیکن وہ بہت کم ہے۔ اس سے زیادہ کی ضرورت ہے۔

مغربی فلسفہ و سائنس کو سمجھے بغیر معاصر دنیا کے غالب علمی وفکری نظام کے اجزائے ترکیبی کو سمجھنا ممکن نہیں، اور اسے سمجھے بغیر تجدد پسند ہوں یا روایت پرست، ہر محاذ پر بالآخر ناکام ہی ہوں گے، اور سمجھنے کا طریقہ اپنی تہذیبی زبان میں مغرب کے تہذیبی سرمایوں (عظیم مصنفوں) کا ترجمہ و تشریح لکھنا ہے، ان پر تنقید کرنا ہے، اور پھر ایک جدید فکری و عملی صورتحال کی تخلیق کرنا ہے۔ یہی تین طریقے ہیں جنھیں یکے بعد دیگرے یا متوازی طور پر اپنانے سے مسائل حل ہوں گے اور وہ خطرہ دور ہوگا جو اسلام کو درپیش ہے یعنی مسلمانوں کے باہمی اختلافات سے فائدہ اٹھا کر ان پر اجنبی قوانین لاد دینا جنھیں وضع کرنے میں مسلمانوں کا کوئی خاص رول نہ ہو۔ جب ایک بار اقلیتی ممالک میں مسلمانوں کا یہ حال ہوگا، تو پھر مسلم اکثریتی ممالک میں اس کا اثر ضرور پڑے گا کیوں کہ دنیا اب بے حد سمٹ چکی ہے اور مقام کے حالات کا اثر دوسرے مقامات پر ضرور پڑتا ہے۔

میں یہاں واضح کردوں کہ میں روایت پسندوں کے چودہ سو سالہ اسلام کو اصل اسلام سمجھتا ہوں لیکن ساتھ ہی یہ مانتا ہوں کہ معاصر زندگی میں اس اصل اسلام کے بہت سے قوانین ناقابل عمل ہو چکے۔ رجم اور قتل مرتد ناقابل عمل ہو چکے، سب کے لیے مشت بھر داڑھی رکھنا ناقابل عمل ہو چکا، ذی روح کی مصوری کی حرمت کی

پابندی ناقابل عمل ہوچکی اور اب فوٹو کھنچانا اور ویڈیو بنانا زندگی کے ہر شعبے میں ناگزیر ہے، یہ بس مثالیں تھیں۔ لیکن ان تمام ناقابل عمل احکام وقوانین کے اسلام کا حصہ ہونے پر میرا ایمان ہے اور میں تجدد پسندوں کی طرح ان احکام وقوانین کو تعبیری قیل وقال کے ذریعے اسلام سے خارج نہیں کرتا۔

یہ تصور ہی مکروہ ہے کہ ہم دور جدید کے تقاضوں سے اتنے متاثر ہو جائیں کہ اسلام کو بدل ڈالیں، قرآن کی تفسیر کو بدل ڈالیں، کسی شاعر نے کیا خوب کہا ہے:

خود بدلتے نہیں قرآں کو بدل دیتے ہیں

میں مزید واضح کر دوں کہ اگر اسلام میں واقعی کسی عصری تبدیلی کی ضرورت ہے تو اسے بالکل شعوری طور پر کیا جائے۔ اور ایسا احکام کی سطح پر بھی ممکن ہے اور عقائد کی سطح پر بھی لیکن میں اس فریب خوردہ ذہنی کیفیت میں نہیں جی سکتا کہ فلاں فلاں احکام دراصل اسلام کا حصہ ہیں ہی نہیں اور تقریبا چودہ صدیوں تک تمام صحیح العقیدہ سنی علما اور فقہا اتنے سارے اسلامی قوانین واحکام کو غلط سمجھتے رہے اور ایک ہم ہی ہیں جو دور جدید میں انھیں صحیح سمجھ رہے ہیں!

تہذیبی نرگسیت

مبارک حیدر

پچھلے چند برسوں کے دوران مسلم اُمّہ نے دہشت گردی کے سلسلے میں بڑا نام کمایا ہے۔ لیکن دہشت گردی کے واقعات سے پہلے بھی ہمارے مسلم معاشرے عالمی برادری میں اپنی علیحدگی پسندی اور جارحانہ فخر کی وجہ سے ممتاز مقام پر فائز رہے ہیں۔

دنیا بھر میں اسلام اور دہشت گردی کے درمیان تعلق کی تلاش جاری ہے اور بیشتر خوشحال یا ترقی یافتہ معاشروں کا دعویٰ ہے کہ جسے دہشت گردی کہا جا رہا ہے، وہ سرگرمی اسلام کے بنیادی کردار کا حصہ ہے۔ دوسری طرف سے مسلم معاشروں کے نمائندہ سیاست دان اور دانشور مسلسل وضاحت پیش کر رہے ہیں کہ اسلام میں تشدد اور دہشت گردی کا کوئی تصور ہی موجود نہیں۔

حقیقت کیا ہے، یہ جاننے کی ضرورت شدت سے محسوس کی جا رہی ہے۔ بالخصوص یہ سوال بہت اہم ہے کہ مسلم معاشروں میں موجودہ تشدد کی لہر کے خلاف احتجاج نہ ہونے کے برابر کیوں ہے؟ ظاہر ہے کہ جو عناصر تباہ کاری کے موجودہ عمل میں لگے ہوئے ہیں، انھیں اپنے عزیز و اقارب، اپنے پڑوسیوں اور اپنی بستیوں کی طرف سے نفرت کا سامنا نہیں۔ اگر کسی معاشرے کے رویہ میں کسی عمل سے سخت نفرت موجود ہو تو وہ عمل پھل پھول نہیں سکتا۔ مثلاً عورت کی آزادی اور مذہبی آزادی کے خلاف ہمارے معاشرے میں نفرت موجود ہے تو ان آزادیوں کے پنپنے کا سوال ہی پیدا نہیں ہوگا۔ لہٰذا کہیں نہ کہیں تشدد اور تباہ کاری کو کوئی ایسی تائید حاصل ہے جو اسے توانائی مہیا کرتی ہے۔

تشدد اور تباہ کاری کا یہ عمل جس نے دنیا بھر کے مسلم عوام کو عالمی معاشروں کی نظر میں مشکوک بنا دیا ہے۔ حتیٰ کہ برصغیر ہند اور افغانستان کے مسلمان خوف اور نفرت کی علامت بن گئے ہیں۔ کیا یہ عمل چند لوگوں کی سوچ بگڑنے سے شروع ہوا ہے؟ کیا مسلم معاشرے دنیا کے دوسرے معاشروں کے ساتھ چلنے کو تیار ہیں؟ کیا برصغیر ہند یعنی بنگلہ دیش، بھارت اور پاکستان کے مسلمان جدید دور کی تہذیبوں کے ساتھ امن کی حالت میں رہ سکتے ہیں؟ کیا

افغان قوم کا کردار ایک علاقائی تہذیب تک محدود رہ سکتا ہے؟ یا قدیم فاتحین کی یہ قبائلی آبادی وسط ایشیا، چین، پاکستان اور بھارت کو فتح کرنے کی آج بھی ویسی ہی خواہش رکھتی ہے جیسے ہزاروں برس کے دوران رہی ہے؟ اور سب سے بڑھ کر یہ کہ دنیا کی موجودہ تہذیبوں سے مسلم تہذیب کا ٹکراؤ کیا نتائج دکھائے گا؟ کیا عالمی آبادی جو مسلمانوں کی آبادی سے چار گنا بڑی ہے اور جس میں امریکہ، روس، یورپ، چین، جاپان بھارت جیسے منظم اور مسلح معاشرے شامل ہیں، اپنے ملکوں کی تباہی برداشت کرتے رہیں گے؟

دنیا کے مختلف ملکوں میں سفر کرنے والے مسلمان دوران سفر جس تجربے سے گزرتے ہیں، میں بھی کئی بار اس اذیت سے گزرا ہوں۔ مجھے اپنی اذیت اور اپنے عزیز واقارب، اپنے دوستوں اور ہم وطنوں کی اجتماعی تذلیل پریشان کرتی ہے۔ اپنی اولاد اور آئندہ نسلوں کی بے بسی اور بربادی کا تصور بے چین کرتا ہے۔ میں پاکستانیوں کی اس نسل سے ہوں جس نے ایک جدید اور مہذب پاکستان کا خواب دیکھا تھا۔ ہم نے ۱۹۶۰ء اور ۱۹۷۰ء کی دہائیوں میں قدم قدم پر اُگتی ہوئی امیدوں کی فصل دیکھی۔ پھر اپنی آنکھوں کے سامنے اپنی خاک اڑتی دیکھ کر ہم بربادی کے عمل کو روک نہ سکے، ہمارا معاشرہ جہالت اور نرگسیت کا شکار ہوتا گیا اور قوموں کی جدید انسان دوست تحریکوں سے کٹتا چلا گیا، نیند میں چلتے ہوئے ایک معمول کی طرح جسے عامل نے اپنے کھیل کے لیے سلا دیا ہو۔

مجھے اس کتابچہ کی تلخیٔ بیان کا احساس ہے۔ مجھے اس بات کا بھی علم ہے کہ میں نے جس طبقہ کو اکاس بیل سے تشبیہ دی ہے اور جن محترم حضرات کی طرز فکر پر اعتراض کیا ہے، وہ کتنے بااثر اور کتنے زود رنج ہیں اور میرا معاشرہ کتنا زود رنج بنا دیا گیا ہے...... مجھے ڈر ہے کہ ہمارے معاشرے کو تباہی کی طرف دھکیلنے والا عنصر اپنی طرز فکر کی تباہ کاریوں کا تجزیہ کرنے پر آمادہ نہیں ہوگا بلکہ طرح طرح کی توجیہات اور الزام تراشی کے ذریعے اپنے کھیل کو جاری رکھنے کی کوشش کرے گا۔ اس کے باوجود میرا ایمان ہے کہ اس عنصر کا ہاتھ روکنا ضروری ہے، جتنا بھی ہم سے ہو سکے۔

دین کو سیاست اور روزگار بنانے والے حضرات میں ایک بہت بڑی تعداد پرخلوص طور پر اپنے راستے کو صراط مستقیم سمجھتی ہے۔ یہ سادہ دل مگر خود پسند لوگ ہیں جو مسلم معاشرے کے دوسرے لوگوں کی طرح چند شاطروں کی چال کا شکار ہوئے ہیں، لیکن دین سے روزگار اور سماجی اقتدار حاصل ہونے کی وجہ سے یہ لوگ اپنے موجودہ رول سے مطمئن ہیں بلکہ حالت فخر میں ہیں۔ میری تمنا اور دعا ہے کہ اس پرخلوص اور سادہ دل جم غفیر میں کوئی ایسی تحریک جنم لے جو انھیں بے جا فخر سے آزاد کر کے خود تنقیدی اور سچے انکسار کی طرف لے جائے۔

مسلم معاشروں کے وہ لوگ جو جدید مہذب معاشروں کے شہری بن گئے ہیں، کچھ عرصہ پہلے تک اپنے آبائی معاشروں کی رہنمائی کیا کرتے تھے۔ ان کی وجہ سے برصغیر کے مسلم اور غیر مسلم عوام انسانی تہذیب کی ترقی کو پسند کی نظر سے دیکھتے اور رشک کرتے تھے، لیکن یہ ایک بڑی بدنصیبی ہے کہ یہ تارکین وطن تیزی سے رجعت اور جہالت کی اس تحریک سے متاثر ہو رہے ہیں جو انھیں اسلامی تشخص کے نام پر علم وشعور سے نفرت پر اکسا رہی ہے اور جس کے نتیجہ میں مسلم عوام کے ہیرو اور رول ماڈل نہ تو سائنسدان ہیں نہ موجد بلکہ وہ قاری اور امام مسجد ان

کے رہنما بن گئے ہیں جن کا کل اثاثہ رٹی ہوئی آیات اور حکایات ہیں جن کے معنی بھی وہ پوری طرح نہیں جانتے اور جن کے خطبوں میں جھوٹے فخر اور مہمل دعووں کے سوا اگر کچھ ہے تو وہ نفرت ہے جس کا انجام مسلم عوام کی تنہائی اور پسماندگی ہے...

مسلم نوجوان کی نفسیات پر مدرسہ اور قاری کے کلچر نے کئی منفی اثرات چھوڑے ہیں۔ لیکن ان میں تنگ نظری اور ایذا پسندی سب سے اہم ہیں، تخریب کاری انھی کا زہریلا پھل ہے۔ ہم اذیت میں جینے اور دوسروں کو اذیت پہنچانے کے عادی ہو گئے ہیں۔ ہمارا امام مسجد ہو یا عام مسلمان فخر سے دعویٰ کرتا ہے کہ ہم نے فلاں کو برباد کر دیا، مثلاً ہم نے روس کو برباد کر دیا، ہم امریکہ کو برباد کر رہے ہیں، ہم بھارت کو بھی برباد کریں گے۔ چین کو یاجوج ماجوج کہنے کی تحریک جاری ہے اور وقت آنے پر چین کو برباد کرنے کا دعویٰ بھی سنا جا سکے گا۔ لیکن آپ اس امام یا اس مقتدی کے منھ سے یہ نہیں سنیں گے کہ ہم نے کس کس کو آباد کیا۔ اسے اپنی یا اپنے عوام کی اذیتیں دور کرنے میں کوئی دلچسپی نہیں۔ اسے فخر ہے کہ وہ برباد کر سکتا ہے۔ اذیت رسانی اور معصوم بچوں پر تشدد کے جس کلچر نے مدرسہ میں جنم لیا تھا، وہ بڑھ کر یونیورسٹی تک آیا اور اب بازار تک پھیل گیا ہے۔ ہمارے دانشوروں سمیت ہم میں سے کسی نے بھی اپنی عالمانہ نرگسیت سے نکل کر اس بربریت پر اعتراض نہیں کیا۔

مکمل ضابطۂ حیات

ایک بنیادی دعویٰ جس پر کئی دوسرے دعووں کے محل تعمیر کیے گئے ہیں، یہ ہے کہ اسلام مکمل ضابطۂ حیات ہے؛ حالاں کہ قرآن اور حدیث نے ایسا کوئی دعویٰ نہیں کیا بلکہ صرف اسلام کے دین حق اور سچی ہدایت ہونے کا دعویٰ کیا گیا ہے۔ مکمل ضابطۂ حیات کا دعویٰ تہذیبی فخر کے لیے قائم کیے گئے مفروضوں میں سے ایک ہے۔ ہر تہذیب ایسے دعوے قائم کرتی ہے۔ روم کے لوگ اپنی تہذیب کو روشنی اور نظامِ کامل کہتے تھے، اہل ہند کا اپنے بارے میں یہی تصور تھا، حضرت عیسیٰؑ کے ماننے والے آج تک ایمان رکھتے ہیں کہ حضرت عیسیٰؑ آخری نبی اور ہادیٔ کامل ہیں، روم سے پہلے یونان دنیا کا استاد تھا اور بہت حد تک شاید اہل یونان کو فخر کا حق بھی تھا، سکندر اعظم دنیا کو ارسطو اور سقراط کی روشنی دینے نکلا۔ مسلمانوں کو بھی حق حاصل تھا کہ فاتح تہذیب کی حیثیت سے اپنے نظریۂ حیات کو مکمل ضابطہ حیات کہتے لیکن یہ سب زراعتی معاشروں کے دور تک ممکن تھا۔ جب دنیا صنعتی انقلاب کے بعد ریل، ہوائی جہاز، ٹیلی فون اور انٹرنیٹ کے ذریعے سکڑنے اور پھیلنے لگی تو لوگوں نے نئے مسائل کے نئے حل طلب کیے۔ تب ہم دنیا کا ساتھ نہیں دے سکے نہ ہی ہم دنیا کو نئے راستوں پر جانے سے روک سکے، حتیٰ کہ پوری کوشش کے باوجود ہمارے حکمران طبقے اپنے مسلم معاشروں کو بھی نئی دنیا کا حصہ بننے سے روک نہیں پائے، حالاں کہ ہمارے مذہبی اقتدار پر قابض عناصر نے اپنے عوام کو روکنے کے لیے اسلام کا نام استعمال کرنے میں کوئی کسر نہیں چھوڑی، جس کا نتیجہ صرف یہ نکلا ہے کہ ہم تمام تر وسائل کے باوجود سب سے پسماندہ لوگ ہیں، کیوں کہ اس تذبذب کا شکار ہیں کہ رک سکتے نہیں اور بڑھنے کی اجازت نہیں۔ اِن حالات میں ہمیں یہ دیکھنا پڑ رہا ہے کہ کیا اسلام مکمل ضابطہ

حیات کا دعویدار ہے یا ہم ہی احمقانہ انداز سے ایسا فرض کر بیٹھے ہیں۔

قرآن اور حدیث نے مکمل ضابطۂ حیات کا دعویٰ نہیں کیا۔ کوئی آیت قرآنی، کوئی حدیث موجود نہیں جس میں ایسا کوئی مفصل بیان موجود ہو کہ اس کتاب کے بعد کسی علم، کسی حکمت یا کسی ریسرچ کی ضرورت نہیں ہوگی۔ 'الیوم اکملت لکم دینکم و اتممت علیکم نعمتی' کے معنی واضح ہیں۔ کسی ایسی تشریح کی گنجائش نہیں جو مکمل ضابطۂ حیات کا دعویٰ قائم کرنے میں مدد دے۔ اس کے معنی جو سب تراجم اور تشریحات میں موجود ہیں یہ ہیں ''آج کے دن میں نے تمھارے لیے تمھارا دین مکمل کر دیا اور تمہارے لیے اپنی نعمت پوری کر دی''۔ رسول اللہؐ، آپؐ کے صحابہؓ اور قریبی زمانہ کے مفسرین نے کبھی اس آیت کے معنی یہ بیان نہیں کیے کہ یہ ایک مکمل ضابطۂ حیات ہے بلکہ اس کے معنی واضح طور پر یہ تھے کہ اس کے بعد مزید وحی و ہدایت کا نزول نہیں ہوگا اور یہ نعمت یعنی قرآن حکیم پورا ہو گیا ہے۔ کسی اور ہادی کا انتظار نہ کیا جائے اور وحی کا سلسلہ بند کر دیا گیا ہے۔ تاہم کتنے ہی موضوعات اور سوالات ہیں جن پر قرآن و حدیث نے کوئی ضابطہ مقرر نہیں کیا۔

مثلاً قرآن نے نظام مملکت پر کوئی ضابطہ نہیں دیا، جو بے حد اہم موضوع ہے۔ رسول اللہؐ کے وصال پر نیابت یا سربراہی کا جو سوال ابھرا، ثقیفہ بنوسعدہ میں جس پر اختلاف اور بحث کی صورت پیدا ہوئی، یا مسلم اُمہ کے دو بڑے گروہوں میں جس کی بناء پر آج تک اختلافات چلتے آ رہے ہیں، وہ اسی ضابطہ کی عدم موجودگی کے باعث ابھرا۔ اسی ضابطے کی عدم موجودگی کے باعث خلفائے راشدین کے چاروں طریقہ ہائے تقرر الگ الگ ہوئے۔ خلیفہ یا سربراہ مملکت کی میعاد اقتدار کا بھی کوئی تعین قرآن و حدیث میں موجود نہ تھا، حالاں کہ خلفائے راشدین نہ تو مامور من اللہ تھے نہ ہی قرآن و حدیث میں ان کے تاحیات اقتدار کے لیے کوئی اشارہ موجود تھا۔ اس کے باوجود جب حضرت عثمانؓ کے خلاف فتنہ برپا ہوا تو جید صحابہؓ کے مشورہ و اصرار کے باوجود آپؓ اقتدار سے الگ ہونے پر تیار نہ ہوئے، کیوں کہ کوئی ضابطہ یا قانونی ہدایت قرآن و حدیث میں موجود نہ تھی۔

مملکت کے معاشی نظام میں محصولات بنیادی اہمیت کے حامل ہوتے ہیں۔ قرآن و حدیث نے زکوٰۃ جیسے اہم ٹیکس کی وصولی پر کوئی حتمی فیصلہ نہیں دیا تھا جس کے باعث مسلم قبائل نے مرکز کو زکوٰۃ ادا کرنے سے انکار کیا۔ اس انکار پر فوج کشی کا قرآنی حکم موجود نہ تھا۔ چنانچہ حضرت عمر فاروقؓ نے فوج کشی کے فیصلہ سے اختلاف کیا۔ مکمل ضابطۂ حیات کا دعویٰ اگر صحیح ہوتا یعنی اگر ہر مسئلے پر قرآن اور حدیث میں واضح احکام موجود ہوتے تو حضرت ابوبکرؓ، حضرت عمرؓ اور قبائل کے وہ سربراہان جو خود صحابی تھے، زکوٰۃ کی وصولی اور استعمال کے اصول پر اختلاف کیوں کرتے؟ اس اہم موضوع پر آج تک اہل اسلام کے دو فقہی مؤقف قائم ہیں۔ اہل تشیع زکوٰۃ کی ادائیگی میں مملکت کے جبر کو تسلیم نہیں کرتے بلکہ اختیاری معاملہ سمجھتے ہیں، جب کہ اہل سنت کے ہاں یہ جبر شریعت کا حصہ ہے۔

اختلاف پیدا ہونے کی صورت میں اتفاق رائے کیسے بحال کیا جائے یا اختلافی آرا کی صورت میں فیصلہ کرنے کا طریقہ کار کیا ہوگا، اس مسئلہ پر بھی ضابط موجود نہ تھا یعنی 'شوریٰ بینکم' کا اجمالی اور عمومی حکم کسی تفصیلی طریقۂ کار کے بغیر تھا۔ دنیا میں انسان کے بنے ہوئے ہر آئین میں ترمیم و تشریح کے لیے اور اختلاف کو ختم کرنے

کے لئے واضح طریقہ کار دیا جاتا ہے۔ قرآن وحدیث میں یہ تو واضح تھا کہ 'ان تنازعوا فردّوا الی اللہ و رسولہ' یعنی اگر تنازع پیدا ہو تو اللہ اور اس کے رسولؐ کی طرف رجوع کرو اور یہ بھی سمجھا جاتا تھا کہ جہاں قرآن وسنت میں فیصلہ موجود نہ ہو، وہاں اجتہاد یعنی اپنی رائے سے فیصلہ کرلو۔ مگر اجتماعی معاملات پر لاگو ہونے والے فیصلے کرنے کے لیے کون لوگ یا کون سا ادارہ ہوگا، یہ لوگ کیسے مقرر ہوں گے اور یہ ادارہ کیسے تشکیل دیا جائے گا یعنی اگر کوئی ادارہ ہوگا تو اس کے وجود اور طریقہ کار کے ضابطے کیا ہوں گے۔ مثلاً 'ولتکن منکم امۃ' کا اگر ایک مقصد تنازعات میں رائے دینے کا بھی مان لیا جائے (حالانکہ اس کے فرائض میں شامل نہیں) تب بھی یہ سوال وہیں رہ جاتا ہے کہ اس ادارے کی تشکیل کیسے ہوگی، اس کے ارکان کا تقرر کون کرے گا اور کیسے کیا جائے گا۔ تنازعات کے تصفیہ کا طریقہ کار اور ضابطہ موجود نہ ہونے کے باعث مختلف فرقوں، فریقوں اور فقہ و تفسیر کے مختلف مکاتب کا ظہور ہوا جو آج تک نا صرف موجود ہیں بلکہ بڑھتا جارہا ہے۔ جب کہ ہم جانتے ہیں کہ دنیا بھر کے منظم دستوری معاشروں میں تشریح کے تنازعات حتمی طور پر حل ہوتے رہتے ہیں؛ مثلاً برطانیہ، فرانس، امریکہ، چین، روس ،آسٹریلیا اور نیوزی لینڈ حتیٰ کہ بھارت میں صدیوں یا عشروں پہ محیط نظام اس انداز سے چل رہے ہیں کہ کوئی دستوری معاملہ لٹکا ہوا نہیں۔ اسلام سے پہلے روم کی سینٹ کے پاس بھی ایک طریقہ کار موجود تھا۔

رسولؐ اللہ کے وصال کے چند برس بعد حضرت عمر فاروقؓ نے اپنے دورِ خلافت میں تراویح کو مسجد میں ادا کرنے کا حکم صادر فرمایا جو کہ رسولؐ اللہ اور حضرت ابوبکر صدیقؓ کے ادوار میں انفرادی سطح پر پڑھی جاتی تھیں یعنی عبادات کے موضوع پر بھی قرآن وحدیث کے فیصلے آخری نہ تھے۔ ان میں تبدیلی اور ترمیم کی گنجائش تھی۔ اگر یہ کہا جائے کہ حضرت عمر فاروقؓ کو یا خلفائے راشدین کو اس نوعیت کے بنیادی دینی موضوعات پر قرآن وحدیث کے فیصلوں میں اضافہ کرنے کا یا انھیں بدل دینے کا اختیار تھا لیکن بعد کے مسلمانوں کو نہیں ہے تو اس کا مطلب یہ ہوگا کہ اسلام کے مکمل ہونے کا عمل رسولؐ اللہ کی حیاتِ طیبہ یا وحی کے بعد کچھ عرصہ تک جاری رہا اور اس کے بعد بند ہو گیا۔ خود اس مفروضہ کو ثابت کرنے کے لیے قرآن وحدیث میں کوئی ثبوت موجود نہیں۔ یہ سوال بھی پیدا ہوتا ہے کہ خلیفۂ وقت کو کسی عبادت میں تبدیلی کا اختیار کون سے حکم قرآنی یا حدیث کی رُو سے حاصل ہے۔

خود حدیث نبویؐ سے ثابت ہے کہ اجتہاد یعنی اپنی عقل و دانش سے فیصلہ کرنے کا اختیار بعد کے مسلمانوں کو حاصل ہے۔ یہ اس بات کا ثبوت ہے کہ قرآن وحدیث میں دی گئی ہدایات بعض معاملات پر مفصل اور بعض پر نہایت مختصر ہیں اور اسلام کو وقت کے ساتھ بدلنے اور مکمل ہونے کی ضرورت ہمیشہ رہے گی یعنی جب تک دنیا اور انسان کا وجود باقی ہے، مسائل اور ان کے حل آتے رہیں گے، یعنی قیامت کے دن تک ہر نظام تکمیل کے مراحل سے گزرتا رہے گا۔ یہ تسلیم کرلینا کسی طرح سے بھی اسلام کی عزت اور فضیلت میں کمی نہیں کرتا۔ چنانچہ یہ دعویٰ کہ اسلام مکمل ضابطۂ حیات ہے، محض مذہبی قیادت پر مسلط ایک طبقہ کا دعویٰ ہے جس کا مقصد صرف اتنا ہے کہ مسلم عوام اس طبقہ سے بے نیاز ہوکر اپنی عقل سلیم اور علم کی بنیاد پر فیصلے کرنے کی جرأت نہ کریں۔

غلبۂ اسلام

دوسرا بڑا مفروضہ جس پر تہذیبی نرگسیت کی بنیاد ہے، یہ ہے کہ اسلام کو ہر دوسرے دین پر غالب کرنا ہماری ذمہ داری ہے۔ قرآن وحدیث میں اس مفروضہ کی بھی کوئی بنیاد موجود نہیں۔ اس سلسلہ میں قرآن کی صرف ایک آیت مبارکہ کا ذکر کیا جاتا ہے جو یوں ہے:

هو الذی ارسل رسوله بالهدیٰ و دین الحق لیظهره علیٰ الدین کله، ولو کره المشرکون (٦١:٩)

[وہی ہے جس نے اپنے رسول کو ہدایت اور سچے دین کے ساتھ بھیجا تاکہ وہ اس دین کو تمام دینوں پر ظاہر، نمایاں، ممتاز کردے، چاہے شرک کرنے والوں کو برا لگے۔]

ظہر یا اظہر کے معنی غالب کرنا یا مسلط کرنا کیسے بنائے گئے یہ معلوم نہیں۔ قرآن میں یہ لفظ دوسری جگہوں پہ بھی استعمال ہوا ہے جہاں معنی ظاہر کرنے یا کھول دینے کے ہیں مثلاً یہ لفظ سورۃ تحریم میں بھی آیا ہے اور وہاں بھی اس کے معنی یہی ہیں:

فَلَمَّا نَبَّأَتْ بِهِ وَأَظْهَرَهُ اللَّهُ عَلَيْهِ عَرَّفَ بَعْضَهُ وَأَعْرَضَ عَن بَعْضٍ

[پس جب اس نے اس بات کی خبر کردی اور اللہ نے انھیں نبیؐ کو اس پر آگاہ کردیا تو نبیؐ نے تھوڑی بات بتادی اور تھوڑی ٹال گئے]

یہ اس واقعہ کا بیان ہے جہاں رسولؐ اللہ نے راز کی ایک بات حضرت حفصہؓ کو بتائی تو انھوں نے حضرت عائشہؓ کو بتادی لیکن حضرت حفصہؓ کا یہ فعل اللہ نے اپنے نبیؐ پر ظاہر کردیا تو آپؐ نے حضرت حفصہؓ کو اشارتاً جتلادیا کہ آپؐ کو حضرت حفصہؓ کی اس غلطی کا علم ہو چکا ہے۔

چنانچہ 'لیظهره' کے معنی یہی بنتے ہیں کہ "تاکہ وہ (رسولؐ اللہ) اس دین کو ظاہر کریں، نمایاں کریں، ابھاریں، واضح کریں، چاہے مشرکوں کو برا لگے۔ سورۃ الصّف کی آیت ۸ میں ہے:

يُرِيدُونَ لِيُطْفِئُوا نُورَ اللَّهِ بِأَفْوَاهِهِمْ وَاللَّهُ مُتِمُّ نُورِهِ وَلَوْ كَرِهَ الْكَافِرُونَ

[وہ چاہتے ہیں کہ اللہ کے نور کو اپنے منہ سے بجھا دیں، اور اللہ اپنے نور کو تکمیل تک پہنچانے والا ہے چاہے کافروں کو برا لگے۔]

نور کو تکمیل تک پہنچانے اور دین حق کو سب دینوں سے یا دینوں پر نمایاں کرنے کا عمل دونوں اس انداز سے بیان ہوئے ہیں جن میں اچھائی کے پھلنے پھولنے اور مخالفوں کی مخالفت کے باوجود سچائی کے آگے بڑھنے کا عمل ہے۔ جب کہ اس عمل میں کافروں کی اس کوشش کا ذکر اہم ہے جو وہ نورِ حق کو بجھانے کے لیے کرتے تھے، یعنی ایک جارحانہ عمل کے مقابلے میں سچائی کے زندہ رہنے اور پنپنے کا بیان ہے۔ اس بیان میں کسی ایسے عمل کی طرف اشارہ موجود نہیں کہ اگر کوئی مذہب اسلام کو مٹانے یا ختم کرنے کی کوشش ہی نہیں کر رہا تو اسلام آگے بڑھ کر اسے مٹانے کی کوشش کرے۔ سورۃ نمبر ۳، آل عمران کی آیت نمبر ۸۵ ہے:

وَمَن يَبْتَغِ غَيْرَ الْإِسْلَامِ دِينًا فَلَن يُقْبَلَ مِنْهُ وَهُوَ فِي الْآخِرَةِ مِنَ الْخَاسِرِينَ

[اور جو شخص اسلام کے سوا کسی اور دین کی پیروی کرے گا تو اس کا دین قبول نہیں کیا جائے گا اور وہ آخرت میں نقصان اٹھانے والوں میں ہوگا۔]

یہاں بھی اسلام کی تاکید کا انداز سلامتی کا ہے، دوسروں کی تذلیل یا تسخیر کا نہیں۔ سنجیدہ اعلان کا ہے، فخر یا تکبر کا نہیں۔ اور دوسرے مذاہب کے ختم ہو جانے کا بیان کہیں بھی دکھائی نہیں دیتا، جو کہ غلبہ کے لفظ سے ظاہر کیا جاتا ہے۔

سب سے اہم بات یہ ہے کہ اگر 'لیظھرہ' کا معنی غالب کرنے کا بھی لے لیا جائے تو بھی یہ عمل پاکستانی مسلمانوں کے یا قبائلی مجاہدین کے سپرد نہیں کیا گیا، کیوں کہ اس آیت کا وعدہ رسول اللہؐ کی ذات سے ہے، یعنی رسول بھیجا گیا ہے تاکہ وہ اس عمل کو مکمل کرے۔ آیت نمبر ۸ میں نور اللہ کی تکمیل کا کام اللہ نے اپنے ہاتھ میں لیا ہے اور آیت نمبر ۹ میں 'لیظھرہ' کے فاعل خود رسول اللہ ہیں۔ آپؐ نے اپنی زندگی میں جو کام مکمل کیا وہی اس آیت کا وعدہ تھا۔ مذاہب کا وجود مٹا دینا یا تمام مذاہب کے ماننے والوں پر مسلمانوں کا چھا جانا، حکمران ہونا یا غالب آنا، اس آیت میں یا کسی دوسری آیت میں موجود نہیں۔ فتح کے ذریعے فضیلت حاصل کرنے کا فلسفہ اگرچہ اسلاف نے اپنایا اور ایک عرصہ مسلمانوں نے دنیا کے بیشتر حصوں پر حکومت کی، تاہم اس کا تعلق دین کے کسی حکم سے نہیں، نہ ہی کوئی ایسا حکم آج کی دنیا کے لیے دیا جا سکتا ہے کہ جب مسلمان اپنے کردار اور علم کے اعتبار سے دنیا کی پسماندہ ترین قوموں میں سے ہیں۔

رسول اللہؐ کو دنیا ایک عظیم صاحبِ دانش اور مدبّر کی حیثیت سے جانتی ہے، جن کی اصابت رائے، سیاسی تدبر اور معاملہ فہمی کا اعتراف دشمنوں نے بھی کیا ہے۔ آپؐ کے انداز حیات اور طرز سیاست سے معمولی واقفیت رکھنے والا شخص بھی اندازہ لگا سکتا ہے کہ اگر آپؐ موجود زمانے میں موجود ہوتے تو تشدد سے بڑھتی ہوئی نفرت اور بین الاقوامی رابطوں کے اس دور میں تشدد کے مقابلے میں سفارت اور مکالمہ کو ترجیح دیتے، طاقتور دشمن کی بے انصافی اور ظلم کے خلاف امن پسند اور منصف مزاج قوتوں کو متحرک کرتے۔ دشمن کی اپنی صفوں میں عدل و انصاف کی جو قوتیں موجود ہیں، ان سب مثبت قوتوں کی حمایت آج ہم نے صرف اس لیے گنوا دی ہے کہ ظلم کے خلاف ہماری نام نہاد جنگ کی کمان رسول اللہؐ جیسے عالمی مدبر کے ہاتھ میں نہیں بلکہ ایسے جاہلوں کے ہاتھ آ گئی ہے جن کا نظریہ حیات انسانی تہذیب سے نفرت پر مبنی ہے۔

سنت رسولؐ کا نظریہ

اہل اسلام کا ایمان ہے کہ نبیؐ اللہ کی ذات کے دونوں پہلو یعنی نبوت اور بشریت اگرچہ ہدایت کے ماتحت تھے، تاہم بشری فیصلے یعنی ایک انسان کی حیثیت سے کیے جانے والے فیصلے شرعی حکم کا درجہ نہیں رکھتے۔ آپؐ کے بعض فیصلے ایسے بھی ہیں جنھیں اللہ نے پسند نہ فرمایا، مثلاً غزوۂ بدر کے قیدیوں کا فیصلہ اور سورۂ تحریم میں رسول اللہ کے اس فیصلے کو ناپسند کیا گیا جو آپؐ نے غالباً اپنی ایک زوجہ مطہرہ کے سامنے دوسری زوجہ کے بارے میں کیا۔

16
اسلامی معاشرہ اور مسلم ذہنیت

حضرت عائشہ صدیقہؓ سے کنارہ کشی کے عمل کی اللہ نے توثیق نہیں کی۔ خود رسولؐ اللہ نے اپنی بعض آرا کو ذاتی رائے کے طور پر تبدیل کیا؛ جیسے پودوں کی کاشت پر آپ کی رائے جو عملاً نتیجہ خیز نہ ہوئی، اور حضرت عمرؓ کے اعتراض پر رسولؐ اللہ کا حضرت ابو ہریرہؓ کو منادی روک دینے کا حکم جس میں یہ کہا جارہا تھا کہ اے لوگو جس نے بھی کلمہ پڑھ لیا، وہ جنت میں داخل ہو گیا، جس پر حضرت عمرؓ نے اعتراض کیا اور رسولؐ اللہ نے اس اعتراض کو تسلیم کر کے منادی روکنے کا حکم دیا۔

اسی طرح رسولؐ اللہ نے بحیثیت انسان بہت کچھ کیا، جس کی تقلید ہم پر لازم نہیں، کیوں کہ وہ بشری یعنی دنیاوی عمل تھے؛ جیسے مختلف مواقع پر آپؐ نے بھوک کاٹی، تو بھوکا رہنے کا عمل ہمارے لیے اسی طرح واجب تقلید نہیں جیسے روزہ رکھنے کا عمل لازم ہے۔ یا آپؐ نے بعثت کے بعد اگر کوئی معاشی سرگرمی نہیں کی تو یہ عمل کسی فرد یا گروہ کے لیے جواز فراہم نہیں کرتا کہ وہ دینی خدمت کے نام پر خود کو معاشی ذمہ داریوں سے آزاد کر لے۔ آپؐ نے حضرت خدیجہؓ کی زندگی میں کوئی دوسرا نکاح نہیں کیا تو اس سے اہل اسلام نے اپنے اوپر یہ پابندی عائد نہیں کی کہ وہ پہلی بیوی کی موجودگی میں دوسرا نکاح نہ کریں۔ یا آپؐ نے افلاس اور تنگدستی کو برداشت کیا اور اپنے جوتے خود مرمت کیے، تو امت مسلمہ کا ہر فرد اسی طرزِ حیات کو اپنانے کا پابند نہیں بلکہ حضورؐ کی سخت معاشی تنگدستی کو دیکھتے ہوئے بھی آپؐ کے روبرو حضرت عثمانؓ بے حد دولتمند تھے۔ آج کے دور میں ایک طرز فکر سے وابستہ ہو کر ہمارے کچھ بھائی داڑھی رکھنے، شلوار ٹخنوں سے اوپر کرنے اور پاؤں کے بل بیٹھ کر پانی پینے کو سنت رسولؐ اور اسلامی شناخت کا درجہ دے رہے ہیں، جب کہ رسولؐ اللہ کی پیروی ان باتوں میں کرتے نظر نہیں آتے جن میں مال اور مفاد کی قربانی دینا پڑے۔ ایسا کہیں دیکھنے میں نہیں آیا کہ جو لوگ داڑھی کے مسئلہ پر جبر و تشدد پر اتر آئے ہیں اور انھوں نے حجاموں کی دکانیں جبراً بند کر دی ہیں، انھوں نے کسی کو اس بات کے لیے بھی دھمکایا ہو کہ وہ اپنے کروڑوں کے اثاثے امت کے غربا کے نام کر دیں یا کسی اجتماعی فنڈ میں دے دیں، کیوں کہ رسولؐ تو ذاتی ملکیت سے محروم رہے لہٰذا تم ذاتی ملکیت کیسے رکھتے ہو۔ چنانچہ رسولؐ اللہ کی فاقہ مستی اور شفقت کی تصویریں آپؐ کی امت کے اہل ثروت حضرات میں کہیں دکھائی نہیں دیتیں۔ یہ اسلام اور انسانیت کے ساتھ کتنا ظلم ہے کہ ذاتی حلیے کے لیے تو لوگوں کو بندوق اور توپ کی قوت سے مجبور کیا جائے، غریب حجاموں کی دکانیں اڑا دی جائیں، کسی بدنصیب اور کمزور عورت کو بدکاری کے جرم میں پکڑ کر زدوکوب کیا جائے، جب کہ اس عورت کے پاس جانے والے محفوظ رہیں اور زرومال اکٹھا کرنے والوں، حتیٰ کہ غریبوں کے منہ سے روٹی چھین کر اناج ذخیرہ کرنے، اسمگل کرنے والوں، عورتوں اور لڑکوں کی تجارت کرنے والوں، اسلحہ اور منشیات کے تاجروں اور سود خوروں کو کھلی چھٹی ہو۔ کیا خوش بختی ہوتی اگر اسلام کی شناخت کا درجہ عمدہ سماجی اعمال کو دیا جاتا، معاشرہ کے کم نصیب لوگوں کی دستگیری کے لیے ادارے بنائے جاتے، جہاں علم و ہنر کی ترویج کا اہتمام ہوتا، جس سے معاشرہ کی معاشی کارکردگی بہتر ہوتی، جرائم پیشہ افراد کا ہاتھ روکا جاتا۔ اگر توپ تفنگ کا استعمال اتنا ہی پسندیدہ عمل تھا تو ظالموں، چیرہ دستوں، قبضہ گروپوں اور غنڈوں پر طبع آزمائی کی جاتی۔ اسلام کا نام لینے والے انصاف اور ایثار میں دوسروں سے نمایاں

نظر آتے، رسولؐ اللہ سے عشق وعقیدت کا دعویٰ کرنے والے ایک مثالی معاشرہ بنا کر دکھاتے جو دنیا بھر کے لوگوں کو اپنی طرف متوجہ کرتا، جس کی کشش جابر ملکوں کے عوام کو اسلام کا مداح بناتی۔ دنیا میں کہیں کوئی ایسی مسلم بستی ہوتی جو انسانوں کے لیے پرمسرت زندگی اور عظمت کردار کی مثال ہوتی، لیکن ایسا نہیں ہوا، نہ ہونے کے آثار ہیں۔ توپ تفنگ سے تو صرف مزدوروں کو رزق اور علم سے محروم کیا جا رہا ہے۔ کون کہہ سکتا ہے کہ ہمارے معاشروں کا مستقبل کیا ہے؟

رسولؐ اللہ کے دنیاوی فیصلوں کی تقلید اگرچہ وحی یا شریعت کی طرح لازم نہیں، پھر بھی ان فیصلوں کو راہنما اصول مانتے ہوئے اور عقیدت کے اظہار کے طور پر ان پر عمل کیا جاتا رہا ہے۔ لہٰذا ہم یہاں اتنا کہہ کر چھوڑ دیتے ہیں کہ وقت کے مطابق اگر حکومت وقت کو یا مسلمان معاشرے کو رسولؐ اللہ کے کسی دنیاوی فیصلہ سے ہٹ کر فیصلہ کرنا پڑے تو یہ نہ تو اسلام سے انحراف ہوگا نہ گستاخی۔ مثلاً اگر آج کے کسی جدید شہر پر دشمن فوج حملہ آور ہو تو خندق کھودنے کی بجائے کسی دوسرے طریقہ سے شہر کا دفاع کرنا گستاخی ہوگی نہ انحراف۔

۳۔ اسلاف کا فخر

خلافت راشدہ اور اسلاف کا دور مسلمانوں کی بھاری اکثریت کے نزدیک بے حد واجب الاحترام دور ہے، کیوں کہ یہ اسلام کی زبردست کامیابیوں اور اثر انگیزی کا دور ہے۔ یہ انسانی مزاج کی روایت ہے کہ لوگ اپنے آباؤ اجداد کی تعریف کرنا اور سننا پسند کرتے ہیں۔ ہم بھی انسانوں کی اسی روایت پر ہیں۔ ہمیں بھی اپنی شناخت کے اونچے مینار اچھے لگتے ہیں اور کیوں نہ لگیں کہ جب ہمارے موجودہ وقتوں میں فخر کے لیے کچھ اور موجود ہی نہیں اور فخر کو ہم نے اپنی عادت بنا رکھا ہے۔ جب کہ قومیں حقیقی وقت میں زندہ ہوں تو آگے دیکھتی ہیں، جب نڈھال، پژمردہ اور زوال پذیر ہو جائیں تو ماضی کی کہانیوں پر گزر بسر ہوتی ہے؛ جیسے بچے اور جوان ماضی کو کم یاد کرتے ہیں، حال اور مستقبل کے خواب دیکھتے ہیں، کیوں کہ نمو کی رونق ہر طرف امید اور امنگ دکھاتی ہے، مگر عمر رسیدہ، تھکے ہوئے بزرگ جن کی قوت ادراک، قوت تعمیر اور قوت نسل گری رخصت ہو چکی، وہ ماضی کے افسانے دہراتے اور ٹھنڈی آہیں بھرتے ہیں۔ اگر بہت انا پسند ہوں تو یہ بزرگ اپنے گردوپیش پر برہم ہوتے ہیں اور اسے غلط رو اور ناجائز قرار دیتے ہیں۔ لگ بھگ ایسا ہی تہذیبوں کے ساتھ بھی ہے۔

انسانی حیات کے تسلسل کی کئی شکلیں ہیں۔ ایک فرد کی حیات ہے جو ایک مختصر عمر تک ہے۔ فرد اپنی مختصر حیات کے ثمر اور ورثے اپنی نسل میں چھوڑ جاتا ہے، لیکن نسل پیدا کرنے کے لیے اور انھیں اپنی جینیاتی اور ہر طرح کی وراثت دینے کے لیے وہ کم سے کم صنف مخالف کی مدد کا محتاج ہوتا ہے، یعنی تنہا اپنے اس مقصد کو مکمل نہیں کر سکتا۔ ایک اور حیات قبیلوں اور گروہوں کی ہے۔ عرصہ کے اعتبار سے یہ حیات فرد سے کہیں طویل ہے مگر قبیلے اور گروہ دوسرے قبیلوں اور گروہوں سے کبھی ٹکراتے کبھی بغل گیر ہوتے ہیں۔ رابطہ کی ان دونوں شکلوں میں نئے قبیلے اور گروہ بنتے ہیں، اکیلا کوئی قبیلہ بھی زندہ نہیں رہتا۔ پھر ایک حیات تہذیبوں کی ہے، قبیلوں کی شناخت سے

بڑی شناخت بنا کر تہذیبیں انسان کی نشوونما کا کردار ادا کرتی ہیں، لیکن کوئی تہذیب لافانی نہیں۔ فرد اور قبیلے کی طرح تہذیب بھی دوسری تہذیبوں سے ملے بھڑے بغیر تخلیق کا عمل پورا نہیں کر سکتی۔ فرد اور قبیلے کی طرح تہذیب بھی الگ اور تنہا زندہ نہیں رہتی۔ جیسے کوئی فرد اپنے اندر مکمل نہیں بلکہ بقا کے لیے قبیلہ اور گروہ کا محتاج ہے، جیسے قبیلہ اپنے اندر مکمل اور حرف آخر نہیں بلکہ تہذیب میں مدغم ہونے پر مجبور ہے، ایسے ہی تہذیب بھی اپنے اندر تنہا مکمل نہیں، نوع انسانی کی بڑی پیش قدمی میں دوسری تہذیبوں کے ساتھ ملنے اور بدلنے کی پابند ہے۔ فرد نفسیاتی مرض میں مبتلا ہو جائے تو صنف مخالف اور گروہ سے کٹ جاتا ہے۔ کوئی سوسائٹی یا کوئی تہذیب جب اپنے خول میں سمٹ جائے، اپنے خول کو اپنی شناخت بنا لے یا فخر و تکبر میں مبتلا ہو کر دنیا سے ٹکرا جائے تو نفسیاتی مریض کی طرح تباہی کی طرف نکل جاتی ہے۔ خول میں سمٹی ہوئی تہذیب کی مثال براعظم امریکہ میں آباد انکا مایا تہذیب تھی اور کسی حد تک برصغیر ہند میں ہندو تہذیب، اور فخر و تکبر کی ایک مثال رومن تہذیب اور جدید وقتوں میں جرمن فاشزم۔ شاید ریاست ہائے متحدہ امریکہ بھی اسی راستے پر گامزن ہو مگر امریکہ کے دانشوروں اور اس کے جمہوری نظام کے باعث توقع کی جا سکتی ہے کہ وہ جلد اپنا رستہ بدل لے۔ شاید امت مسلمہ کہلانے والوں کی بڑھتی ہوئی خودستائی اور ماضی پرستی انھیں بھی ایسے رستے پر لے جا رہی ہے جس کی منزل فتح نہیں تنہائی ہے۔

ہمارے ہاں رویوں کی جو دیگیں پک رہی ہیں، ان کا حال جاننے کے لیے چند چاول چکھ لیں۔

گیارہ اگست ۲۰۰۸ ئ ء کا 'نوائے وقت' خصوصی ایڈیشن میرے سامنے ہے۔ پروفیسر خالدہ منیر الدین چغتائی کا انٹرویو ہے، فرماتی ہیں:

> مسلمانوں نے ہندوؤں کو تہذیب سکھائی، لباس، مساوات، شرم و حیا اور طلاق کا تصور دیا۔
> ہندوؤں کو زندگی کا سلیقہ مسلمانوں نے ہی سکھایا۔ انھیں پہننے کا اوڑھنے کا قرینہ آتا تھا نہ کھانے پینے کی تمیز......

اسی انٹرویو میں فرماتی ہیں:

> گرداس پور میں اِن دنوں (مسلمان) لڑکیوں کو پڑھانے کا رواج نہیں تھا، مگر میری ماں نے کہا 'میں تے اپنی کڑیاں نوں پڑھانا اے' تو میرے دادا نے کہا 'پتر توں پڑھا میں تیرے نال آں، ویکھاں گا کون کیہ کہندا اے'......

دیکھیں حالت یہ ہے کہ بیسویں صدی ہے اور اس مسلم سوسائٹی میں لڑکیوں پر تعلیم کے دروازے بند ہیں لیکن ایک خاتون جو پڑھنا لکھنا سیکھ گئی ہے، کہہ رہی ہے کہ ہندوؤں کو عورت مرد کی مساوات اور تہذیب ہم نے سکھائی۔ ہندو تہذیب کے بارے میں متفقہ رائے یہ ہے کہ چار ہزار سال سے یہ اعلیٰ درجے کی تہذیب رہی ہے جس میں علم فلسفہ، علم ہندسہ رائج رہے جو مسلمانوں نے ان سے سیکھے۔ عورتوں کو موسیقی اور رقص کی تربیت اس تہذیب میں صدیوں سے جاری رہی ہے اور عورت کو خاندان کی محترم ماں کی حیثیت سے اعلیٰ مقام حاصل رہا ہے۔ ہماری نفسیاتی حالت ایسی ہے کہ ہم اپنا سر بلند کرنے کے لیے دوسرے کا سر جھکانا ضروری سمجھتے ہیں۔

ملک کے ہر اخبار میں خبریں آ رہی ہیں کہ سچا اور خالص اسلام نافذ کرنے والوں نے لڑکیوں کے سینکڑوں اسکول جلا دیے ہیں اور جو باقی بچے ہیں جلد ہی جلا دیئے جائیں گے تاکہ لڑکیوں کو 'شرم وحیا اور مساوات' میں رکھا جا سکے جس کا دعویٰ محترم خاتون اپنے مضمون میں کر رہی ہیں۔

اسی اخبار میں پروفیسر خالدہ کے انٹرویو کے نیچے ایک مضمون کی سرخیاں یوں ہیں:

عورت کا المیہ: عدم تحفظ، تشدد، حق تلفی اور امتیازی سلوک خواتین کی ترقی کی راہ میں حائل ہیں۔

یہ عورت جس کا ذکر کیا جا رہا ہے کہیں اور کی نہیں اسلامی جمہوریہ پاکستان کی ہے۔

پروفیسر خالدہ کہتی ہیں کہ ''اِن نفرتوں نے تو پاکستان بنا دیا، ان نفرتوں کو دعا دو'' اور ''جب تک نظامی صاحب اور ان کا اخبار سلامت ہے، ہم اندھیروں سے کبھی نہیں ٹکرائیں گے''۔ نہ ٹکرانے والی بات ممکن ہے کتابت کی غلطی ہو مگر حقیقت یہی ہے کہ ہم اندھیروں سے ٹکرانے کی بجائے ان میں رہنا زیادہ پسند کرتے ہیں۔

اسی اخبار میں مولانا صوفی محمد کے ارشادات بھی چھپے ہیں، فرماتے ہیں:

پاکستان میں عملاً کفری نظام رائج ہے، جس میں مسلمانوں کی دعائیں قبول نہیں ہوتیں۔

غالباً اسی کفری نظام کو ختم کرنے کے لیے لڑکیوں کے اسکول اور شیو بنانے والے حجاموں کی دکانیں جلائی جا رہی ہیں۔

کل کے اخباروں میں عوامی جمہوریہ چین میں ہونے والے دھماکوں کی خبر تھی۔ لکھا تھا دھماکے چین کے مسلم اکثریتی صوبہ میں ہوئے جہاں مسلمان علیحدگی پسند تحریک چلا رہے ہیں۔

حضرت اقبال کی تمنا تھی کہ:

ایک ہوں مسلم حرم کی پاسبانی کے لیے
نیل کے ساحل سے لے کر تا بہ خاک کاشغر

لیکن کیا مسلمان ایک ہو رہے ہیں یا صرف علیحدہ ہو رہے ہیں؟ کہا جاتا ہے کہ حرم کے سعودی محافظوں کے ایما پر مسلمانوں میں اسلامی فخر کے جذبات ابھارے جا رہے ہیں، لیکن خود اپنے وطن میں سعودی لوگ غیر ملکی مسلمان کو شہریت کے حقوق نہیں دیتے، رائے کا حق بھی نہیں دیتے، چاہے ساری عمر اس مسلمان نے عرب آقاؤں کی خدمت کی ہو...... عربوں کے حرم میں بوڑھی ہو جانے والی غیر ملکی لونڈیاں مر کر بھی عرب شہریت حاصل نہیں کر پاتیں...... ایک ہونے کا یہ تصور کتنا پیچیدہ ہے!

تلخ سچائی یہ ہے کہ موجودہ دور میں مسلم ذہنیت کا غالب رنگ علیحدگی پسندی ہے۔ مسلم اتحاد صرف ایک نعرہ ہے لیکن مسلم علیحدہ پسندی ایک حقیقت۔ تہذیبیں جب رس دار اور توانا ہوتی ہیں تو بین الاقوامیت مانگتی ہیں، دوسری تہذیبیں ان سے بچنے کے لیے اپنے خول میں سمٹتی ہیں۔ یہی تہذیبیں جب بوڑھی اور بے ثمر ہو جائیں تو علیحدگی مانگتی ہیں اور توانا تہذیبوں کو گناہ، گمراہی اور کفر کے نام دے کر اپنے بچاؤ کی کوشش کرتی ہیں۔ آج ہماری مسلم آبادیاں چاہیے وہ یورپ، امریکہ اور روس میں ہوں، چاہے چین جاپان اور بھارت میں؛ ان کا ایک ہی تقاضا ہے

:علیحدگی۔ اپنے خول میں سمٹنے کے لیے ہمیں فخر اور نفرت کے جذبات دیے گئے ہیں اور موت کے بعد جنت کی بشارت۔ ظاہر ہے کہ یہاں کچھ نہ پانے والوں کو آس کا سہارا اور غفلت کا گنبد چاہیے جس میں وہ چھپے رہیں۔

غفلت کے ضمن میں ایک غریب گھریلو ملازمہ کے خیالات سنیے۔ یہ ۲۴ گھنٹے، ۷ دن ڈیوٹی کرنے والی خالص ان پڑھ پیدائشی نوکرانی ہے۔ اسے اپنے مسلمان مالکوں کے سامنے صوفہ تو چھوڑیں، کرسی پر بیٹھنے کی اجازت نہیں۔ اس نے جانے کیا کیا پاپڑ بیلنے کے بعد ایک سیکنڈ ہینڈ موبائل فون خریدا ہے، جس کے صرف ایک فنگشن کا استعمال اس نے مشکل سے سیکھا ہے، یعنی فون کرنے اور سننے کا فنگشن۔ لیکن یہ فنگشن بھی مالکوں کے سامنے استعمال کرنے کی اجازت نہیں۔ میں نے اس سے پوچھا ''بولو جنھوں نے یہ فون جس سے تم اپنے خاندان سے بات کر لیتی ہو، یہ بجلی، یہ ٹرینیں بسیں، ٹی وی، یہ گیس اور بجلی کے چولھے جن میں پھونکیں مار کر لکڑیاں جلانے کی ضرورت نہیں پڑتی وغیرہ وغیرہ بنائے ہیں اور جنھوں نے اپنے ملکوں میں مالک ملازم کے انسانی حقوق برابر کیے ہیں اور تم ٹی وی پر دیکھتی ہو ان کی ملازم عورتیں مالکوں سے اور مالک ملازموں سے کیسا برتاؤ کرتے ہیں، تو کیا وہ لوگ اچھے ہیں یا ہم لوگ اچھے ہیں؟'' اس نے جواب دیا ''وہ تو کافر ہیں، وہ ہم سے اچھے کیسے ہو سکتے ہیں؟ وہ دنیا میں جو مرضی کر لیں، اگلے جہان جنت میں تو مسلمان ہی جائیں گے۔ یہ چار دن کی زندگی ہے اصل بادشاہی تو موت کے بعد ہونی ہے۔'' میں نے پوچھا ''اچھا تو یہ بتاؤ ہم میں سے کون سی خوبی تمھیں سب سے اچھی لگتی ہے؟'' اس نے جواب دیا '' آپ لوگ اتنے امیر ہیں، پھر بھی آپ نماز پڑھتے ہیں اور سارے خاندان نے حج کیا ہوا ہے۔ اس سے بڑی اچھائی اور کیا ہو سکتی ہے۔ میری حسرت ہے کہ میں بھی حج کروں۔''

دلچسپ بات یہ ہے کہ چند روز پہلے اس ملازمہ کی سولہ سالہ بیٹی کو ایک مدرسہ کے مہتمم حاجی مولانا نے زنا بالجبر کا نشانہ بنایا تھا، جسے بچی کے باپ نے رنگے ہاتھوں پکڑ لیا تھا۔ اس واقعہ کی تحقیقاتی رپورٹ ایک نجی چینل پر چلی لیکن مدرسہ کے مہتمم کا کچھ نہیں بگڑا، نہ ہی مدرسہ کو کوئی فرق پڑا۔ آج بھی دونوں اتنے ہی محترم اور آزاد ہیں، جتنے پہلے تھے۔ ابھی دو دن پہلے اس ملازمہ نے ٹی وی نیوز میں گوالمنڈی لاہور کا واقعہ سنا تھا جس میں مبینہ طور پر نو دس سال کی ایک بچی کو امام مسجد کے بیٹے اور موذن نے جبری زنا کا نشانہ بنا کر ہسپتال پہنچا دیا تھا۔ بھوک، بے حسی، سماجی بے انصافی اور جرائم سے بھرے ہوئے اس معاشرہ کی خبریں سننے والی اس مسلمان عورت کو سکھانے والوں نے وہ اسلامی فخر سکھایا ہے جس کے خول میں سمٹ کر اس کا وجود ہر کڑوی خبر ہر تلخ سچائی سے محفوظ ہو گیا ہے۔ اس کا خیال تھا کہ جرم و ستم کے یہ واقعات انفرادی نوعیت کے ہیں، اجتماعی طور پر معاشرہ الحمدللہ ٹھیک ہے کیوں کہ نماز پڑھنے والوں، حج کرنے والوں کا اور شبینہ محفلوں کا ہر طرف چرچا ہے۔

[بشکریہ 'تہذیبی نرگسیت'، چوتھی اشاعت، ۲۰۱۱ء، سانجھ، لاہور]

اسلام دشمنی کا مبالغہ

مبارک حیدر

ہمارے ہاں بہت سے اضطراب اس غلط فہمی یا مبالغہ پر مبنی ہیں کہ دنیا کی اکثر اقوام اسلام کی دشمن ہیں۔ معاشرت کے اصولوں میں ایک عام اصول ہے کہ اگر ایک شخص یہ گلہ کرے کہ محلے کے لوگ اس کے دشمن بن گئے ہیں تو سننے والے کے ذہن میں دو سوال ابھرتے ہیں۔ اول یہ کہ اتنے لوگ کیوں اس کے دشمن ہوئے ہیں؟ دوسرے یہ کہ اگر اتنے لوگ اس کے دشمن ہوئے ہیں تو کہیں اس شخص میں کوئی خرابی تو نہیں؟

ہمارے دینی طبقے نے عام مسلمانوں کے دل میں یہ بات تو ڈال دی ہے کہ دنیا ہماری دشمن ہے لیکن یہ دونوں سوال اٹھانے اور ان کا جواب دینے کی ضرورت نہیں سمجھی۔

وہ کیا وجوہات ہیں کہ ہمیں اقوام عالم کی مخالفت کا سامنا ہے۔ امریکہ تو شاید عربوں کے تیل پر قبضہ کرنے کے لیے کوشاں ہے (حالاں کہ سچ تو یہ ہے کہ امریکی حکمرانوں اور عربوں کے درمیان یا وسط ایشیا کے حکمرانوں کے درمیان تیل کے مسئلے پر اگر کوئی چپقلش موجود بھی ہے تو ان مسائل میں عوام کو تو کبھی پوچھا ہی نہیں گیا، نہ ہی یہ عوام کی لڑائی ہے۔) لیکن باقی دنیا کو ہم سے نفرت کیوں ہے؟

پھر پاکستانی سبز پاسپورٹ سے دنیا بھر کی اقوام کی وحشت کس تیل کی وجہ سے ہے؟ افغانستان میں کون سے سونے کے پہاڑ ہیں؟ اور طالبان کا نام سن کر دنیا بھر کے لوگ چوکس کیوں ہو جاتے ہیں؟ کہیں اس کی وجہ ہمارے کردار کی زبوں حالی، قانون سے نفرت، اپنے علاوہ سبھی کو گمراہ اور جہنمی اور گندے اور ناپاک سمجھنے کی خود اعتمادی، سارے عالم کو فتح کرنے کے نعرے، دنیا بھر کے ممالک میں اپنے پیچھے اپنی ہوشیاری اور فنکاری کی کہانیاں چھوڑنا، پھر اگر وہاں کے قوانین روکیں تو سر پر ہاتھ رکھ کر واویلا کرنا کہ یہ قومیں بہت متعصب ہیں، کیا یہ سب وجوہات تو نہیں؟

عربوں کی شہرت دنیا میں ہم سے زیادہ مختلف نہیں۔ کاروبار سے لے کر جنسی مسائل تک مسلمانوں کے

معاملات قابل فخر نہیں۔ کیا لوگوں کا ان غیر معیاری رویوں پر احتجاج کرنا اسلام دشمنی ہے؟ یعنی اس میں اسلام کی بحث کہاں سے آئی؟ پھر چین سے اچانک کیا غلطی سرزد ہوئی کہ اس کے شہریوں اور کارندوں کو پاکستان میں قتل کرنا اور صوبہ سنکیانگ میں اسلام کے نام پر غدر مچانا ضروری ہو گیا ہے؟ پھر یورپ کے کسی ایک ملک کے ایک اخبار کی ایک گستاخی کیا اس امر کا اٹل ثبوت ہے کہ سارے اہل مغرب اسلام کے دشمن ہیں اور وقت آ گیا ہے کہ آگے بڑھ کر ان کافر قوموں کو سبق سکھایا جائے یا کم از کم ان ممالک سے سفارتی تعلقات ہی توڑ لیے جائیں؟ ہمارے علمائے کرام اچھی طرح جانتے ہیں کہ ان معاشروں کی یہ مجبوری ہے کہ وہاں شخصی آزادی اور جمہوریت کے قوانین کی وجہ سے حکومت کسی فرد کو اپنے نظریات کے اظہار سے روکنے کا اختیار نہیں رکھتی۔ چنانچہ برطانیہ، یورپ اور امریکہ میں مسلمانوں کو آزادی ہے کہ وہاں کی تہذیب و ثقافت کو جاہلیت اور گمراہی کہیں، وہاں اسلامی نظام و قانون نافذ کرنے کی بات کریں، جب کہ ہم اپنے ملکوں میں اقلیتوں کو ایسا کہنے کرنے پر جان سے مارنے پر تیار رہتے ہیں۔ آزادیوں اور برداشت کا یہ فرق قانون اور کلچر کے فرق سے ہے۔ یہ جانتے ہوئے بھی ہمارے مذہبی رہنما جوان ممالک کے بیسیوں دورے کر چکے ہیں، ہمارے عوام کو یہ کہہ کر مشتعل کرتے ہیں کہ اگر ان ممالک کی حکومتیں ہمارا حکم نہیں مانتیں یعنی اپنے ان بیہودہ اور غیر ذمہ دارانہ افراد کو پھانسی پر نہیں لٹکاتیں جنھوں نے شان رسالت میں گستاخی کی ہے تو طے ہوا کہ یہ حکومتیں اور یہ معاشرے اسلام کے دشمن ہیں۔

جہاں تک وسائل پر قبضہ کا تعلق ہے، یہ معاشی مفاد کی جنگ ہے جس کا تعلق مذہب سے نہیں۔ معاشی مفادات کے لیے یورپی اقوام نے آپس میں جنگیں لڑیں، جب کہ وہ سب عیسائی تھے۔ مسلمانوں نے مسلمانوں سے جنگیں لڑیں، نام جو بھی رکھیں لیکن یہ جنگیں اقتدار اور معاشی مفاد کی ہی تھیں۔ امریکہ نے بدترین مظالم ویت نامیوں پر کیے، ویت نامی مسلمان تو نہ تھے، جب کہ مسلمانوں سے تو امریکہ نے مدتوں محبت نبھائی۔ ایک عرصہ تک یورپ اور امریکہ کے سب سے بڑے دشمن روس اور چین تھے اور سب سے بڑے دوست مسلمان۔ حتیٰ کہ دنیا بھر کے مسلمانوں نے امریکہ کے لیے روس سے جنگ لڑی۔ پاکستان کی حکومتیں اور دینی جماعتیں اس وقت امریکہ کی محبت اور دوستی میں غزلیں گاتی رہیں، جب کہ امریکہ کی مخالفت کرنے والوں کو دہریے اور روسی ایجنٹ کہا جاتا تھا۔ ہماری دینی جماعتیں ان اہل کتاب کی فتح کے لیے نہ صرف وظیفے کرتی رہی ہیں بلکہ امریکہ کے لیے افغان جہاد میں مسلم بچوں کے جوان خون کا نذرانہ بھی پیش کیا گیا۔ اب اچانک 'مغربی تہذیب' کا اسلام کی دشمن نمبر ایک بن جانا کون سی بدلی ہوئی ایسی صورت حال کا نتیجہ ہے جو دکھائی نہیں دیتی؟ کیا عربوں کے وسائل تک اہل مغرب کی رسائی کوئی نئی بات ہے؟ کیا مسلم اقوام یعنی مصر، انڈونیشیا، سعودی عرب اور پاکستان میں امریکی اثر و نفوذ حال ہی میں شروع ہوا ہے؟

کیا افغانستان میں امریکی حملہ وہاں کے طالبان کی کسی غلط حکمت عملی کے بغیر ممکن ہوا اور کیا عراق پر امریکی حملہ اسلام کی وجہ سے تھا؟ ہر باشعور آدمی جانتا ہے کہ صدام حسین کی حکومت سیکولر تھی اور عراق میں دینی تقسیم اور نفاق کی جو قوتیں موجود تھیں، انھیں امریکہ کے معاشی مفادات کی خاطر صدام حسین کی قید سے آزاد کروایا گیا۔

گویا وہ دینی قوتیں جو صدام کے جبر کی وجہ سے اپنا اپنا حصہ مانگنے سے قاصر تھیں، امریکی تسلط کے سائے میں اپنے اپنے حصے لینے کے معاہدے طے کر رہی ہیں۔ تو پھر یہ حملہ اسلام کے خلاف کیسے ہوا؟

دنیا کی سرزمینوں پر فاتح کا قبضہ ایک مدت تک دنیا کا دستور رہا ہے۔ خود ہمارے مسلم فاتحین نے دنیا کے علاقوں پر تسلط قائم کیا اور صدیوں نہ صرف حکومت کی بلکہ وہاں کی مستقل آبادی بن گئے، حتیٰ کہ برصغیر میں مسلمانوں کا اقلیت ہونے کے باوجود یہ دعویٰ ہے کہ ہندوستان پر حکومت کرنا ہمارا حق ہے۔ عالمی تاریخ کے اس معیار کو اگر آج بھی معیار مان لیا جائے تو طاقتور قوموں کا قبضہ غیر قانونی نہیں رہ جاتا۔ قوموں کی خود مختاری اور اپنے وسائل پر ان کا حق وہ فلسفۂ حیات ہے جو مکمل طور پر آج کی نام نہاد مغربی تہذیب نے دیا ہے اور یہ حق دنیا بھر کے انسانوں کا حقیقی حق ہے لیکن یہ حق نہ تو ہمارے مسلمان دینی مفکر نے دیا ہے، نہ ہی وہ دنیا کے انسانوں کا یہ حق مانتے ہیں۔ اس لحاظ سے کسی طاقتور قوم کا ہماری سرزمین پر مسلط ہونا ہمیں حیرت انگیز نہیں لگنا چاہیے؛ تاہم یہ ایک جملۂ معترضہ ہے۔ سچائی یہ ہے کہ فتح اور تسلط کا فلسفہ رد کرنے کے قابل ہے اور یہ کسی بھی وجہ سے ہو، جائز نہیں۔ تاہم ہمارا یہ شکوہ کہ دنیا کی اقوام یا طاقتور اقوام صرف مسلمانوں کی دشمن ہیں، دو وجہ سے غلط ہے۔ اول یہ کہ اس کا تعلق مذہب سے نہیں بلکہ معاشی مفادات سے ہے، دوسرے یہ کہ یہ طاقتور اقوام ہر اس علاقے یا قوم پر حملہ آور ہیں جہاں ان کا مفاد مطالبہ کرتا ہے اور اس میں ان کے پیش نظر صرف اپنے مفادات ہوتے ہیں۔ کیا چلی، ویت نام، نگاراگوا، چین، روس سمیت امریکی سی آئی اے کی جنگیں مذہب کی بنیاد پر تھیں یا معاشی مفادات کے لیے؟

یہ حقیقت ہے کہ دنیا بھر کے ممالک میں مسلم آبادکار مقامی قوانین کی سہولتوں سے فائدہ اٹھا کر غلبۂ اسلام کے نعرے لگا رہے ہیں۔ میزبان ملک کے اچھے قوانین سے ہمارا احسان مند ہونا تو چھوڑیں، آج کی دنیا کے اصول شہریت بھی یہ اجازت نہیں دیتے کہ ہم مذہبی منافرت پھیلائیں۔ اس سلسلہ میں صحابہ رسولؐ کی دو ٹولیاں جو اپنے وقت کے ملکوں میں پناہ کے لیے گئیں تھیں، خاص طور پر قابل ذکر ہیں۔ ایسا کوئی واقعہ بیان نہیں ہوا کہ جن شہروں میں انھوں نے پناہ لی، وہاں انھوں نے غلبۂ اسلام کا نعرہ لگایا ہو، جب کہ آج ہم دنیا کے ہر ملک میں یہ نعرہ لگا رہے ہیں۔ برطانیہ میں گلوبل اسلامک موومنٹ، برطانیہ کی پارلیمنٹ کے متوازی مسلم پارلیمان قائم کرنے کے لیے کوشاں ہے۔ اسپین میں مسلمانوں کے غلبۂ نو کا نعرہ لگایا جا رہا ہے اور کہا جا رہا ہے کہ یہ مسلمانوں کی سرزمین ہے، کیوں کہ ہم نے یہاں آٹھ سو سال حکومت کی تھی۔ بھارت میں تحریک خلافت اور غلبۂ اسلام کے نعرے سنائی دے رہے ہیں جس سے انتہا پسند ہندوؤں کو مسلمانوں کے قتل عام کا جواز فراہم کیا جاتا ہے۔ آسٹریلیا میں بھی تبلیغی سرگرمیاں تبلیغ سے بڑھ کر حکومتی سطح کے عزائم دکھا رہی ہیں۔ سڈنی کے ایک عربی النسل امام مسجد نے جو سالہا سال سے سرکاری وظیفے پر یعنی بے روزگاری الاؤنس پر تھا، وزیر اعظم جان ہاورڈ کو ہدایت کی تھی کہ وہ اور آسٹریلیا کی سفید فام آبادی اپنے کردار کی اصلاح کے لیے ہم سے سیکھیں۔ یہ خود اعتمادی اور فخر ہمارا شناختی نشان بن گیا ہے جس سے ترقی یافتہ قوموں کو بہت اختلاف ہے۔

یہ خود اعتمادی خصوصاً اس وقت زیادہ قابل اعتراض لگتی ہے جب اس کا اظہار کرنے والے خود اپنے ہم

وطنوں اور ہم مذہبوں کی اصلاح کرنے سے قاصر رہے ہوں، حتیٰ کہ ان کا اپنا کردار اور اخلاقی معیار قابل اعتماد نہ ہو۔

اس مغالطے یا مبالغے کی اصلاح ضروری ہے کہ آج کی دنیا میں قوموں کے اختلاف مذہب کی بنیاد پر ہیں۔ ہمارے چند ممالک کو چھوڑ کر کہیں بھی مذہبی رجحانات اتنے طاقتور نہیں۔ آج کی دنیا معاشی مسابقت اور سیکولر حکومتوں کی دنیا ہے۔ صدر بش کے آخری دور میں امریکہ کی عدالت عالیہ نے عیسائیت کے نقطہ نظر سے لکھی ہوئی کتاب 'Intelligent Design' کو اس بنا پر اسکولوں کے نصاب میں لگنے سے روک دیا تھا کہ بظاہر سائنس کی اس کتاب کے پیچھے وہ تحریک ہے جس کا اصل مقصد عیسائی نظریات کو سائنس میں داخل کرنا ہے اور ایسی کتاب کو نصاب میں شامل کرنے سے امریکہ میں موجود دوسرے مذاہب کے لوگوں کی حق تلفی ہوتی ہے۔ اسی طرح امریکی سپریم کورٹ کے موجودہ چیف جسٹس کو حلف وفاداری لینے سے پہلے ایوان نمائندگان کی تفصیلی باز پرس سے گزر کر یقین دلانا پڑا کہ وہ امریکہ کے آئین کو اپنے عیسائی نظریات پر فائق رکھے گا (امریکی آئین کی اہم شق ہے: 'مذہب کی آزادی اور مذہب سے آزادی کا حق')۔ کیوں کہ صدر بش کے نامزد جج کی حیثیت سے اور اپنے قدامت پسند عیسائی نظریات میں مشہور ہونے کے باعث اس جج پر شبہ تھا کہ مملکت کے اہم ترین جج کی ذمہ داریوں کی ادائیگی پر اس کے مذہبی میلانات اثر انداز ہوں گے۔ خود صدر بش کے مذہبی تعصبت کے رجحانات پر شدید احتجاج ہوا تھا اور اس کی مذمت میں بیسیوں کتابیں لکھی گئیں اور انھی مذہبی تعصّبات کے باعث اور جنگی حکمت عملی کے سبب ری پبلیکن پارٹی کی مقبولیت کو سخت نقصان پہنچا تھا۔

[بشکریہ 'مغالطے مبالغے'، سانجھ، لاہور]

سیکولرزم کی نئی اسلامی تعبیریں

خالد مسعود

سیکولرزم مسلم فکر اور سماج کے لیے ایک چیلنج بنا ہوا ہے۔ مسلم فکر خواہ وہ مذہبی ہو، سماجی یا سیاسی اس کی ایک پوری روایت سیکولرزم کے ردوقبول پر قائم ہے۔ یہ بحث ریاست کی تشکیل، معاشرے کے خدوخال اور انفرادی آزادیوں سے لے کر ثقافتی اور سماجی اظہار تک پھیلی ہے۔ ڈاکٹر محمد خالد مسعود نے اس ساری بحث کو، پس منظر، تناظر اور اس کے اطلاقی پہلو سمیت، اس مختصر مضمون میں سمیٹا ہے اور واضح کیا ہے کہ مختلف مسلم معاشروں میں سیکولرازم نے کیا چیلنج کھڑے کیے اور ردعمل کی نوعیت کیا رہی۔

مسلم دنیا میں سیکولرزم کی اصطلاح مختلف معانی میں استعمال ہوتی ہے۔ جدید دور کی مختلف فکری تحریکوں کا حصہ رہنے کی وجہ سے سیکولرزم کے مفہوم میں جدیدیت، انسان دوستی، قومیت اور جمہوریت کے بہت سے مطالب شامل ہو چکے ہیں۔ اہم بات یہ ہے کہ معانی کے اس سفر میں یہ اصطلاح مقامی ملکی اور ثقافتی خصوصی حالات سے بھی متاثر ہوئی ہے۔ حالیہ ارتقا میں جمہوریت اور مذہبی سیاست کے مابین مسلم ملکوں میں مقامی اختلافات میں سیکولرزم کو نظریاتی چہرہ بھی مل گیا ہے۔ اس طرح اس کی متعدد اسلامی تعبیریں سامنے آئی ہیں جن میں مندرجہ ذیل تصورات کے ساتھ لازم وملزوم کی حیثیت سے اہم مباحث کے گیارہ سے زیادہ مفہوم و معانی شامل ہیں: قومی ریاست، انسان دوستی، عقلیت، جمہوریت، فلاح و بہبود، ترقی، اصلاح اور بیداری، جدیدیت، اور مغربیت۔ مسلم ملکوں میں اس کے مندرجہ ذیل تاریخی حوالے بھی ہیں: عثمانی طرزِ حکومت، خلافت، ترک استبداد، نظام، اجتماعیت، عرب قومیت، اور اتاترک کی اصلاحات۔ مذہبی اقتدار کے حوالے سے مذہبی اقتدار سے نجات، مذہب بیزاری، اور عوام کی رائے کا اعتبار، عوام کی حاکمیت، آئین اور قانون کی حکمرانی، ملکی قوانین اور پارلیمنٹ کی قانون سازی کے مفاہیم بھی سیکولرزم کی تفہیم کا حصہ بن گئے ہیں۔

مسلم ممالک میں مفاہیم کے اس اختلاف کو سمجھنے کے لیے ان تاریخی تجربات اور سماجی تبدیلیوں کا مطالعہ درکار ہے جن سے ان مختلف مسلم معاشرتوں کا سامنا رہا۔ اس مضمون میں ہم مسلم دنیا کے چار علاقوں ترکی، عرب ممالک، جنوب مشرقی ایشیا اور جنوبی ایشیا میں سیکولرزم کی اسلامی تعبیروں کا مختصر جائزہ پیش کررہے ہیں۔ ان تعبیروں کے تجزیے سے پہلے چند بنیادی اصطلاحات سیکولرزم، آئیڈیالوجی اور سیکولرائزیشن کا تعارف ضروری ہے۔ یہ تعارف تعریف کی بجائے ان تعبیروں کے اس فکری پس منظر پر ایک سرسری نظر ہے جس کے بغیر ان تعبیروں کو سمجھنا مشکل ہے۔

سیکولرزم

سیکولرزم کا لفظ سب سے پہلے برطانوی مصنف جارج جیکب ہولی اوک نے ۱۸۵۱ء میں استعمال کیا۔ اس سے مراد ایسا سماجی نظام تھا جس کا انحصار مذہب پر نہ ہو۔ اس کی ۱۸۹۶ء میں شائع شدہ کتاب ('انگلش سیکولرزم، اے کنفیشن آف بیلیف') کے عنوان میں یہ لفظ اصطلاح کے طور پر استعمال ہوا۔ اس کتاب میں اس نے واضح کیا کہ سیکولرزم مسیحیت کا مخالف نہیں اور نہ ہی اس پر تنقید کا نام ہے۔ سیکولرزم کا یہ بھی دعویٰ نہیں کہ سچائی صرف اسی کے پاس ہے۔ اس کا کہنا تھا کہ سیکولر سچائی میں روشنی اور ہدایت ہے، کیوں کہ اس کے اصول اس سے باہر سے نہیں لیے گئے کہ ان کے تقدس کی وجہ سے ان تک رسائی نہ ہو سکے۔ یہ اصول قابل عمل ہیں۔ اس کی وجہ یہ ہے کہ ان کے بارے میں علم کا مصدر اس دنیا میں انسانی تجربات ہیں جن کو آزمایا جا سکتا ہے۔ یہ اسی دنیا کے معاملات سے تعلق رکھتے ہیں اور اسی زندگی کی فلاح ان کا مقصود ہے۔

انگریزی زبان میں 'سیکولر' کا لفظ لغوی طور پر قدیم لاطینی لفظ 'سیکولم' سے اور قدیم فرانسیسی لفظ 'سیکولے' سے آیا ہے۔ 'سیکولم' کا مطلب عہد، زمانہ یا ایک نسل ہے۔ اس میں وقت کا مفہوم بھی شامل ہے جو زیادہ سے زیادہ ایک صدی کو محیط ہے۔ اس سے مراد انسان کی زندگی کی حد بھی ہے۔ اسی لیے 'سیکولر' کا مطلب وقتی، عارضی، اور ہم عصری بھی ہے۔ نیازی برکس کے مطابق 'سیکولرزم' اور 'لائیسزم' کی دو اصطلاحیں بالترتیب لاطینی لفظ 'سیکولم' یعنی زمانی، وقتی اور عارضی اور یونانی لفظ 'لائیکوس' یعنی عوام سے جڑی ہیں۔ پہلی اصطلاح دنیوی کے مفہوم پر زور دیتی ہے اور دوسری عام آدمی پر جو مذہب کا رسمی عالم نہ ہو۔ دونوں دوئی کے ایک خاص مفہوم پر مبنی ہیں جو باہم ایک دوسرے کی ضد اور برتری کی قائل ہیں۔ چرچ تقدس اور روحانی برتری کا اور ریاست سے اعلیٰ اختیار کے اصول پر قائم تھا۔ ابتدا میں اس کا تقابل دین یا مذہب سے نہیں تھا لیکن جب چرچ کی زبان میں اسے دین کے مقابل کے طور پر استعمال کیا گیا تو اس میں دین اور دنیا کی تفریق کا مفہوم شامل ہو گیا۔

سیکولرزم کی اصطلاح شروع میں خواص کے مقابلے میں عوام اور ان کی روزمرہ زندگی کے لیے بولا جاتا تھا لیکن بہت جلد مذہب کے مقابل عام معاملات کے لیے اور آگے چل کر غیر مذہبی اور مذہبی معاملات میں غیر جانبداری کے مفہوم میں بولا جانے لگا۔ قومیت کی تحریکوں اور قومی ریاست کے سیاق میں اس کا استعمال سیاسی

اقتدار کے حوالے سے مذہبی اور سیاسی یا ریاستی اختیار کا مفہوم اختیار کر گیا۔ بیسویں صدی میں سائنس، ثقافت اور تہذیبی حوالوں سے مذہب اور سیکولرزم ایک دوسرے کے مقابل آگئے۔ اس طرح سیکولرزم کے دو انتہائی رجحانات سامنے آئے۔ ایک متشدد رجحان ہے جس کا کہنا ہے کہ مذہب میں سیکولرزم کی مخالفت کا کوئی علمی جواز نہیں۔ دوسرا معتدل رجحان جس کا کہنا ہے کہ اصل سچائی اور حقیقت مطلقہ تک رسائی ممکن نہیں، نہ مذہب کی نہ سائنس کی۔ اس لیے علمی طور پر ایسے معاملات کو یقین کی بجائے شک کی نگاہ سے دیکھا جائے گا اور انھیں غیر جانبداری کے اصول کے تحت برداشت کیا جائے گا۔

چارلس اسمتھ کے مطابق یورپ کی تاریخ میں انگلستان میں سولھویں صدی میں سیاسی اقتدار چرچ سے ریاست کو منتقل ہوا۔ اس کے ساتھ ہی قانون اور عدالتیں بھی مذہبی اقتدار سے آزاد ہوئیں۔ اس تبدیلی کا مطلب مذہب کے عقائد اور رسومات کا خاتمہ نہیں تھا۔ تاہم عملی طور پر اقتدار چرچ سے نکلنے کی وجہ سے عقیدے کی سیادت کمزور پڑ گئی۔ صنعتی انقلاب اور فرانس میں انقلاب کے بعد حالات مزید بدلتے گئے اور مذہب اور ریاست میں کشمکش عروج پر پہنچ گئی (اسمتھ ۱۹۹۵ء، ۲۰)۔

مذہب اور ریاست میں کشمکش کے تجربات میں اختلافات کو تین زاویوں سے دیکھا جا سکتا ہے: سیاسی، ثقافتی اور مذہبی۔ سیاسی پہلو سے سیکولرزم اور مذہب کا مسئلہ پہلے تو اکثریت اور اقلیت کے تناظر میں ابھرتا ہے جہاں سیاسی طور پر سیکولرزم مذہب کی نفی نہیں کر سکتا بلکہ مذہبی آزادی کی حفاظت اپنا منشور بتاتا ہے۔ چنانچہ اقلیت اپنے حقوق کی حفاظت کے لیے مذہب کو حوالہ بناتی ہے۔ اس تناظر میں خرابی یہ ہے کہ ایک طرف تو اکثریت اپنے مذہب کی بالادستی کو جمہوری حق سمجھنے لگتی ہے اور دوسرے اقلیتوں کی تعداد میں اضافہ ہوتا رہتا ہے بلکہ اکثریتی مذہب بھی فرقوں میں بٹ کر مذہبی آزادی کا مطالبہ کرنے لگتے ہیں۔ ثقافتی حوالے سے تنوع اور تعددیت سیکولرزم کی شناخت اور ضرورت ٹھہرتی ہے۔ اسی لیے سیکولرزم کی سماجیات میں تعددیت یا پلورلزم کو مثبت قدر مانا جاتا ہے۔

اسلامی علم الکلام میں تعددیت کو شرک اور وحدت الوجود کو توحید کی نفی سمجھ کر ان نظریات کو رد کیا جاتا ہے۔ اسی تعددیت سے بچنے کے لیے اکثر مسلم مفکرین مرکزیت اور ثقافتی وحدت پر زور دیتے ہیں اور اسے اسلام کا مذہبی اصول بتاتے ہیں۔ مذہبی نقطہ نگاہ سے ان مفکرین کی نظر میں سیکولرزم ایسا سیاسی اور سماجی نظام ہے جو خدا کے وجود کو نہیں مانتا۔ قدامت پسند غیر مذہبی سیاسی جماعتیں بھی سیکولرزم کے بارے میں یہی تصور پیش کرتی ہیں۔ اسلامی جماعتوں کو اسی نظریے کی بدولت عوام میں مقبولیت حاصل ہوئی۔ یہ سب کچھ اس بات کا اظہار بھی ہے کہ جدید دور میں اقتدار کا مسئلہ انھی تینوں زاویوں سے پیش آیا۔ یہی وجہ ہے کہ سیاسی اسلام کی دعوت کے لیے اکثر جماعتوں نے اپنے موقف کو ایک نظریۂ حیات یا ضابطۂ حیات کی شکل میں تشکیل دیا جس میں مذہب ہر پہلو سے مکمل، شامل اور ہولسٹک ہو۔ نظریۂ حیات کا یہ مفہوم مغرب میں مقبول اصطلاح آئیڈیالوجی سے بہت زیادہ متاثر نظر آتا ہے۔ اسی لیے اسلام اور سیکولرزم دونوں کو ایک دوسرے کے بالمقابل مکمل مذہب اور آئیڈیالوجی کے طور پر دیکھا جاتا ہے۔ ان میں سے صرف ایک کا انتخاب ہو سکتا ہے دونوں کو بیک وقت اپنانا ناممکن ہے۔

آئیڈیالوجی

آئیڈیالوجی یا نظریہ حیات ابتدا میں تو فلسفے کے کسی بھی مخصوص مکتب فکر یا نظری رجحان کے مرکزی اصول اور موضوع کا نام تھا لیکن دور جدید میں مختلف سیاسی نظامات کی کشمکش کے دوران آئیڈیالوجی کا رشتہ اقتدار خصوصاً سیاسی اقتدار سے بہت گہرا ہو گیا۔ اس مفہوم میں آئیڈیالوجی غلبے اور اقتدار کا نظریہ بن گئی۔ ۱۹۶۵ء تک سماجی علوم کے ماہرین کے نزدیک آئیڈیالوجی سے عقائد، افکار اور تصورات کا ایسا مجموعہ مراد لیا جانے لگا جو وقت گزرنے کے ساتھ ساتھ عوام کے سماجی شعور میں رچ بس جائے (گولڈ، بحوالہ شریف المجاہد، ۲۰۰۱ء)۔

اس کے برعکس کمیونسٹ تعلیمات میں آئیڈیالوجی مادیت کے سائنٹفک مطالعہ کا نام قرار دیا گیا۔ آئیڈیالوجی کا کمیونسٹ تصور دراصل آزادی کی تحریکِ انقلاب کا بیانیہ تھا۔ انقلاب، اقتدار کی جنگ کا نظریہ تھا۔ مارکس کے ہاں ثقافت اور اقتدار میں گہرا تعلق ہے۔ ثقافت ایک ایسے سماجی عمل کا نام ہے جو اختلافات کو بتدریج کم کر کے اتفاق، اجماع اور اتحاد کی طرف لے آتی ہے۔ ثقافت برسر اقتدار گروہ کو سماج میں تناؤ اور تصادم کو کم کرنے میں مدد دیتی ہے۔ برسر اقتدار طبقہ آئیڈیالوجی کی مدد سے اپنے اقتدار کے نظام، اس کی اقدار، نظریہ کائنات اور علامتی زبان کو رواج دیتا ہے۔ اس سیاسی عمل میں آئیڈیالوجی تین کام کرتی ہے: سیاسی اقتدار کی قوت اور نظم کی مضبوطی کے لیے اس اقتدار کو عام آدمی کے لیے فطری بناتی ہے، تاریخی جواز فراہم کر کے روایت کا حصہ بناتی ہے اور اس کی اقدار کو ابدی بنا کر پیش کرتی ہے۔

ایسے مطالعے کی علمی اہمیت کو دوسروں نے بھی تسلیم کیا۔ تاہم دو قطبی دور میں مغربی ممالک میں آئیڈیالوجی کا مفہوم منفی رہا۔ مغرب کی نظر میں غیر کمیونسٹ علمیات میں آئیڈیالوجی کا مقصد سیاسی اقتدار کے جبر کو سائنس اور علم کا سہارا فراہم کرنا تھا۔ اس دور میں آئیڈیالوجی کی اصطلاح سے نفرت اور دشمنی اتنی بڑھ گئی کہ ایڈورڈ شلس نے ۱۹۵۵ء کو اور ڈینیل بیل نے ۱۹۶۰ء کو آئیڈیالوجی کے خاتمے کا سال بتایا۔ اس کے بعد مغربی علمی دنیا میں یہ اصطلاح تقریباً متروک ہو گئی۔ سوویت یونین کے خاتمے کے بعد سے تو اسے جبر کی علامت سمجھا جاتا ہے۔

مارکس کے نظریۂ تضادات کے حوالے سے ماہرین سماجیات میں آئیڈیالوجی کی ضرورت کے بارے میں دو نظریات پائے جاتے ہیں: مفاد کا نظریہ اور تناؤ کا نظریہ۔ یہ دونوں نظریات تصادم اور ٹکراؤ تو پیدا کرتے ہیں لیکن ایک دوسرے کی معاونت بھی کرتے ہیں۔ مفاد کے نقطۂ نظر سے آئیڈیالوجی ایک مصنوعی چہرہ بھی ہے اور ہتھیار بھی۔ تناؤ کے اعتبار سے یہ مرض کی علامت بھی ہے اور علاج بھی۔ امریکی اینتھروپالوجسٹ کلیفرڈ گیرٹز (انتقال ۲۰۰۶ء) کے ہاں بھی آئیڈیالوجی میں دوئی، علیحدگی، نظریاتی، مکمل اور مقصدیت کے معانی شامل ہیں۔ تاہم گیرٹز نظریۂ مفاد سے اتفاق نہیں کرتے کیونکہ وہ اس نظریہ کے حامیوں کی طرح سماجی عمل کو اقتدار کی مسلسل جنگ اور سماج کو مفادات کی جنگ کا میدان نہیں مانتے (گیرٹز ۱۹۹۶ء، ۴)۔ ان کے نزدیک آئیڈیالوجی اور سائنس باہم متصادم نہیں۔ گیرٹز کی رائے میں سائنس اور آئیڈیالوجی ایک دوسرے سے مختلف ضرور ہیں لیکن نہ باہم متصادم ہیں اور نہ ایک دوسرے سے غیر متعلق ہیں۔ نہ آئیڈیالوجی علم کے لحاظ سے کمزور ہے اور نہ سائنس آئیڈیالوجی سے باہر

(گیرٹز ۱۹۹۶ء، ۵۱)۔

اگرچہ آئیڈیالوجی اور سیکولرزم دونوں مغربی اصطلاحیں ہیں لیکن اسلامی دنیا میں سیکولرزم مذموم اور آئیڈیالوجی مقبول ہے۔ اس کی وجہ یہ نہیں کہ مسلم مفکرین آئیڈیالوجی کو علمی اور سائنٹفک مانتے ہیں، اس لیے اسلام کو بطور آئیڈیالوجی پیش کرتے ہیں بلکہ اس لیے کہ ان کے نزدیک سیکولرزم جو اسلام سے متصادم آئیڈیالوجی ہے۔ دیکھا جائے تو مسلم فکر میں ایک طرف تو اسلام کو آئیڈیالوجی بنا کر پیش کیا گیا جس میں یہ ساری باتیں شامل کی گئیں۔ دوسری جانب سیکولرزم کو ایک متصادم مذہب کی طرح پیش کیا گیا۔ یہ بھی سچ ہے کہ مسلم تحریکوں نے آزادی اور سیاسی تشکیل نو کے لیے آئیڈیالوجی کے تصور کو فکری طور پر بہت اہمیت دی، کیوں کہ اسلامی ریاست کے نظریے کی تشکیل کے لیے آئیڈیالوجی انقلاب کا فکری جواز فراہم کرتی تھی۔ اسی لیے لازمی تھا کہ سیکولرزم کو ایک مخالف آئیڈیالوجی کے طور پر پیش کیا جائے۔ دو قطبی دور میں مغرب کے لیے اسلام کا کردار ایک مؤثر متبادل آئیڈیالوجی کا تھا، لیکن کمیونزم کے خاتمے کے بعد اسلامی آئیڈیالوجی کی غلبے اور اقتدار کی جدوجہد جاری رہی تو مغرب کے لیے اسلام خطرہ بن گیا۔ کمیونسٹ آئیڈیالوجی کی طرح اسلام بھی ٹوٹیلی ٹیرین، متشدد اور جبر دکھائی دینے لگا۔ ادھر اسلامی آئیڈیالوجی کو بھی جمہوریت میں سیکولرزم اور سیکولرزم میں لادینیت دکھائی دینے لگی۔ لبرلزم اور جدیدیت، سیکولرزم کے ہم معنی نظر آنے لگے۔

سیکولرائزیشن

سیکولرزم اور سیکولرائزیشن میں بہت فرق ہے جس کے نظر انداز کرنے سے نظری اور معاشرتی تبدیلیوں میں فرق اور اختلافات بلکہ تضادات کو سمجھنا مشکل ہو جاتا ہے۔ ترکی کے ماہر عمرانیات نیازی برکس جن کا تفصیلی ذکر بعد میں آئے گا، کہتے ہیں کہ ان دونوں اصطلاحوں کے معنوں میں بڑا فرق یہ ہے کہ سیکولرزم کی نظریاتی نشوونما میں افراد، اور ان کے خیالات، رویوں، اعتقادات اور مفادات کا عمل دخل ہوتا ہے۔ ان افراد کے اکثر ایک دوسرے سے رابطے بھی ہوتے ہیں لیکن ان کے افکار لازمی طور پر ان رابطوں کا نتیجہ نہیں ہوتے۔ اس کے برعکس سیکولرائزیشن کے سماجی عمل پر افراد کا اختیار نہیں ہوتا۔

ملائیشیا کے سید نقیب العطاس کا شمار علوم کو اسلامیانے کی تحریک کے سرکردہ مفکرین میں ہوتا ہے۔ سیکولرزم کے بارے میں ان کا ذکر بعد میں آئے گا۔ وہ لکھتے ہیں کہ مذہب اور سیکولرزم کے مقابلے میں سیکولرائزیشن ایک لامحدود اور مسلسل عمل ہے جس میں تاریخ میں پیش آنے والی انقلابی تبدیلیوں کے زیر اثر اقدار اور نظریہ ہائے کائنات نظر ثانی کا تقاضا کرتے رہتے ہیں۔ العطاس سیکولرزم کی طرح سیکولرائزیشن کو بھی رد کرتے ہیں۔ سیکولرائزیشن مجموعی طور پر ایک غیر اسلامی نظریۂ کائنات ہی نہیں، اس کا مقصد ہی اسلام کی مخالفت ہے۔ لہٰذا مسلمانوں کے لیے لازمی ہے کہ معاشرت میں یا اپنے ذہنوں میں سیکولرزم اور سیکولرائزیشن کو جہاں بھی پائیں اسے دور کرنے میں پوری قوت صرف کریں، کیوں کہ یہ ایمان کے لیے زہر قاتل ہے۔ اسلامی نقطہ نظر سے

سیکولرائزیشن کے عمل اور اسلام میں بعض نظریاتی عناصر میں مماثلت ضرور ہے لیکن دونوں کے نقطہ نظر میں بہت فرق ہے۔ مماثل عناصر میں فطرت (دنیا۔ مادی زندگی) سے عدم دلچسپی، سیاست کا غیر مقدس ہونا، اور اقدار کی عدم تقدیس شامل ہیں لیکن غور کریں تو اسلام میں وہ اسلامی تناظر کا حصہ ہیں۔ وہ حقیقت اور وجود کے اسلامی نقطہ نگاہ کا بنیادی عنصر ہیں۔ یہ تاریخ میں اسلام کی خصوصیت اور اس کے حقیقی اظہار کا اصول ہیں جس نے انسان کے نظریہ کائنات کو بدل دیا۔ اسلام سیاسیات کو سیکولرائزیشن کے عمل سے باہر نکالتا ہے کیوں کہ اسلام حکم الٰہی پر اور رسول کریمؐ کی مقدس حاکمانہ حیثیت پر مبنی ہے۔

مغرب، سیکولرزم اور اسلام

مغرب میں یہ انقلابات یورپ میں شروع ہوئے، آہستہ آہستہ اور ایک طویل مدت میں آئے لیکن مسلم دنیا میں استعمار کے بعد ریاست کے عمل دخل کی وجہ سے تبدیلیاں بہت تیزی سے آئیں۔ استعماری نقطہ نظر سے مقامی ثقافتیں اور مذہبی رسوم اور عقائد ترقی کی راہ میں رکاوٹ خیال کیے جاتے تھے۔ استعماری ریاستوں نے مذہبی آزادی کی ضمانت کے تحت اسلامی قانون کو شخصی حیثیت دے کر فقہی مذاہب کو سرکاری حیثیت دی۔ تاہم ان قوانین میں سرکاری اصلاحات اور عدالتی نظام نے مذہب کو ریاست کے ماتحت بنا دیا۔ مذہب کے تحفظ کے مسئلے پر استعماری سیکولرزم کو زیادہ گمبھیر مسائل کا سامنا اس وقت کرنا پڑا، جب آزادی کے بعد مسلمانوں نے یورپ اور مغربی ممالک میں رہائش اختیار کی۔ اب مذہب، ریاست اور اسلامی قانون کے تفصیلی مسائل سامنے آئے۔ مذہب کے تحفظ اور مذہبی آزادی کے اصول کے تحت نکاح، طلاق، اور وراثت کے حقوق جو استعماری دور میں حاصل تھے وہ مذہبی اقلیتوں کے طور پر مغربی ممالک میں مسئلہ بن گئے۔ اب مذہب، ریاست اور سیکولرزم کی نئی بحثیں چھڑیں۔ سیکولرزم کی ان یورپی تعبیروں کا اسلامی تعبیروں پر گہرا اثر پڑا اس لیے ہم ان کا مختصر جائزہ ضروری سمجھتے ہیں۔ ہم یہاں صرف فرانس کے ذکر پر اکتفا کریں گے۔ اس کی اہمیت اس لیے بھی ہے کہ فرانس کی سیکولرزم کی تعبیر دوسرے ملکوں کے مقابلے میں زیادہ متشدد اور غیر روادار تھی لیکن یہی تعبیر بتدریج سب مغربی ممالک میں مقبول بھی ہوئی۔ سیکولرزم کی مختلف اسلامی تعبیریں اسی سیاق وسباق میں ہی سامنے آئی ہیں۔

فرانس

اولیویر رائے (۱۹۴۹ء)

اولیویر رائے معروف فرانسیسی پولیٹیکل سائینٹسٹ ہیں جو فلورنس (اٹلی) میں یورپین یونیورسٹی انسٹی ٹیوٹ میں پروفیسر ہیں۔ انھوں نے اپنی کتاب 'سیکولرزم اسلام کے مقابل' (۲۰۰۷ء) میں اسلام اور مغرب میں تضاد کی تاریخ کے حوالے سے چار سوالات اٹھائے ہیں۔ کیا اسلام اور مغرب ایک دوسرے کی ضد ہیں کہ ایک ساتھ نہیں رہ سکتے؟ کیا اس تضاد کی وجہ مذہب (مسیحیت اور اسلام) ہے؟ یا یہ تضاد سیکولرزم اور سیکولیریٹی (سیکولر معاشرت)

میں ہے؟ کیا سیکولیریٹی کی بنیاد مذہب (مسیحیت) ہے یا ثقافت اور تہذیب؟ کیا سیکولرزم کی ایک ہی شکل ہے؟

رائے کا کہنا ہے کہ مسلمانوں کا مغرب سے رابطہ رسول اکرمؐ کی زندگی میں ہی شروع ہو گیا تھا۔ تاریخ کے مختلف ادوار میں جنگی، سیاسی، ثقافتی اور ماضی قریب میں استعماری تعلقات بھی رہے۔ جدید دور میں روابط زیادہ پیچیدہ ہو گئے۔ ان کے خیال میں اسلام اور مغرب میں تضاد یا تصادم کا بنیادی سبب اسلام اور مسیحیت دونوں میں مذہب اور سیکولرزم کا ایسا تصور ہے جس میں کہیں بھی کبھی بھی کوئی تبدیلی نہ آئے۔ مسلمانوں کی نگاہ میں سیکولرزم کا منبع اور بنیاد مسیحیت ہے جو مذہب اور ریاست میں دوئی کی قائل ہے۔ ان کے نزدیک مغربیت اور جدیدیت کا مطلب بھی سیکولرزم ہی ہے۔ یورپ میں مسیحیت اور چرچ کی تاریخ میں فرق ہے۔ مسیحیت کی تاریخ میں مذہب اور چرچ میں پہلا تصادم مسیحیت اور کیتھولک چرچ میں ہوا۔ پروٹسٹنٹ ریفارم کیتھولک چرچ کے خلاف تھیں۔ تصادم کی پہلی شکل سائنس اور مذہب میں تضاد کی وجہ سے پیدا ہوئی۔ اس تضاد میں مذہب سے مراد بائبل اور سائنس سے مراد نئے انکشافات تھے۔ تصادم کی دوسری شکل ریفارمیشن کے حوالے سے ہی سیکولرزم کی بنیاد پر پیش آئی۔ اس وقت ریفارمیشن یا اصلاح مذہب کا مطلب لائیسزم یعنی پادری کی جگہ عام آدمی کا حق تھا کہ وہ براہ راست بائبل کا مطالعہ کرے اور پادری کا مذہب پر سے اقتدار ختم ہو۔ تیسری شکل فرانس میں چرچ اور بادشاہت میں تصادم تھا جو چرچ کے وسیع اختیارات کے خلاف احتجاج تھا۔

مغرب میں بھی سیکولرزم کی کئی شکلیں ہیں جو مذہبی، سیاسی اور سماجی اعتبار سے سیکولرزم کے تین پہلوؤں میں اختلاف کی وجہ سے پیدا ہوئیں۔ سیاسی لحاظ سے تین ماڈل سامنے آئے: (۱) امریکہ، جہاں مذہب اور ریاست پرائیویٹ اور پبلک دونوں جگہوں میں موجود ہیں۔ (۲) فرانس جہاں سیکولرزم لائیسزم کی شکل میں مذہب کو محض پرائیویٹ جگہ میں اجازت دیتا ہے، پبلک اور ریاست میں مذہب کی کوئی جگہ نہیں۔ ریاست اور سماج دونوں سیکولر ہیں، صرف فرد مذہبی ہوتا ہے۔ (۳) برطانیہ، جرمنی، اسکینڈینیویا اور دوسرے کئی ملکوں میں ریاست کے اختیارات بہت وسیع ہیں۔ معاشرہ مذہبی بھی ہے لیکن ریاست کے ماتحت۔ ریاست مذہب اور سیکولر دونوں کی محافظ ہے۔ سول سوسائٹی بنیادی طور پر سیکولر ہے۔

اسلام کا معاملہ مختلف ہے اور اس کے کئی اسباب ہیں۔

۱۔ دینی اور کلامی لحاظ سے اسلام میں مذہب اور سیاست میں تفریق کا کوئی تصور نہیں۔

۲۔ ثقافت اور تہذیب کے نقطہ نظر سے مذہب کا تصور بہت وسیع ہے۔ اسلام مذہب ہی نہیں ثقافت بھی ہے۔

۳۔ تاہم نظریاتی اور روزمرہ زندگی کے لحاظ سے اسلام کو محدود اور غیر متبدل نہیں کہا جا سکتا۔ 'مسلم سیکولر' مغرب میں اقلیت کے طور پر رہتے ہیں اور اس لحاظ سے ان کے روزمرہ زندگی کے تجربے نے انھیں مجبور کیا کہ وہ سیکولرزم کے ساتھ رعایت برتیں۔ وہ نئے معمولات میں مفاہمت اور گنجائش پیدا کرتے رہتے ہیں۔ تاریخ میں اسلام کو پہلے بھی سیکولرزم سے واسطہ رہا ہے لیکن چند اِکا دُکا مسلم مفکرین اور استثنائی صورتوں کے علاوہ کبھی سیکولرزم کو

مسئلہ سمجھ کر باقاعدہ غور کرنے کی ضرورت نہیں سمجھی گئی۔ مغرب میں اسلام کا مطالعہ کرنے والے مسلمانوں کی روزمرہ زندگی اور معمولات کو ان کی ثقافت کی ترجمانی نہیں سمجھتے۔ تہذیبوں میں تصادم کے حوالے سے ممکنہ خطرے کی بات تو کی گئی لیکن اس کو صرف نظری اور فکری حد تک لیا گیا۔ سوشیالوجی کے علم سے مدد نہیں لی گئی۔ اس کی وجہ یہ تھی کہ مہاجر مسلم گروہوں میں مذہبی معمولات (پریکٹس) کو مذہبیت کی ٹھوس شکل دینا سوشیالوجی کے لیے مشکل ہی نہیں ناگوار بھی تھا۔ سماجی علوم کے ماہرین کے لیے یہ سمجھنا بے حد مشکل تھا کہ مغرب کے سیکولر ماحول میں مسلمان اپنے عقیدے پر عمل کیسے کر سکتا ہے۔ یہی مشکل پہلے ہریڈی یہودیوں اور نیو بورن کرسچین (احیائے مسیحیت کے قائل لوگوں) کی مذہبیت کے بارے میں بھی پیش آتی رہی ہے۔

مسلم مہاجرین کو مغربی معاشرت کا حصہ بنانے کے بارے میں مغرب میں دو ماڈل زیر بحث رہے۔ (۱) کثیر ثقافتی معاشرت یا (۲) مکمل ادغام۔ فرانس میں ادغام کو 'انٹیگریشن' کا نام دیا گیا۔ اس کا مطلب 'انفرادی اور ثقافتی ماضی اور پس منظر کو مٹا کر، مذہب کو پرائیویٹ اور سیاسی کمیونٹی کو برتری دینا' بتایا گیا۔ اس کی بہترین مثال فرانسیسی یہودیوں کے بارے میں فرانس کی نیشنل اسمبلی کا فرمان ۱۷۹۱ ہے جس کی رو سے 'انھیں بطور افراد سب کچھ حاصل ہوگا لیکن بطور قوم کچھ نہیں'۔ فرانسیسیوں کے نزدیک کثیر الثقافتی طرز معاشرت قومی یکجہتی کے لیے خطرناک ہے۔ تصادم نہ بھی ہو لیکن اقلیتوں کو مخصوص علاقوں میں بسانے سے رہن سہن کی سہولتیں کم ہونے کی وجہ سے یہ آبادیاں گھیٹو (اقلیتی آبادی، باڑہ) کی شکل اختیار کر لیتی ہیں اور علیحدگی پسند طرزِ معاشرت کو فروغ دیتی ہیں۔ اس کے برعکس دوسرے لوگ فرانسیسی ماڈل کو آمرانہ قرار دیتے ہیں جس سے ہم آہنگ معاشرت کی بجائے اقلیت کے احساس کو فروغ ملتا ہے۔

مسلم ممالک اور سیکولرزم

ترکی:

عثمانی سلطنت میں اکثریتی مذہب کے اقتدار کا نظام تھا۔ ترکی میں سیاسی اور معاشرتی اصلاحات کا دور نظم نو سے شروع ہوا جسے نظام جدید یا تنظیمات کا نام دیا گیا۔ اس زمانے میں عثمانی سلطنت یورپ کے ساتھ مسلسل جنگوں میں پے بہ پے شکست سے دوچار تھی۔ اتاترک کی سربراہی میں جدیدیت کی صورت میں مغرب کے نظام کو اپنا لیا گیا۔ خلافت کا خاتمہ کر کے لاطینی رسم الخط اور یورپی لباس اختیار کیا گیا۔ یورپ کے قوانین کا اجرا ہوا۔ اور سیکولرزم کے اعتبار سے مذہبی اداروں میں اصلاحات جاری کی گئیں۔ سیکولرزم کی فرانسیسی شکل 'لائیسزم' اپناتے ہوئے اختیار مذہبی افراد اور اداروں کے بجائے عوام یا غیر مذہبی قوتوں کو دیا گیا۔ ترکی سے باہر کے مسلمانوں خصوصاً برصغیر میں خلافت کے خاتمے پر شدید احتجاج ہوئے۔ تاہم اس سے خلافت اور سیکولرزم پر بحث کا آغاز بھی ہوا۔ ان میں سے چند کا ذکر بعد میں آئے گا۔ مختلف اسلامی تعبیریں سامنے آئیں۔ ترکی میں سیکولرزم پر جاری بحث کو سمجھنے کے لیے ہم نیازی برکس کے تجزیے کا خلاصہ پیش کرتے ہیں۔

نیازی برکس (۱۹۰۸ـ۱۹۸۸ء)

نیازی برکس ترکی کے نامور مفکر ہیں جو ترکی کی سوشیالوجی کے ماہر شمار ہوتے ہیں۔ ترکی سیکولرزم کے تجربے کے جن مختلف مراحل سے گذرا برکس ان کے عینی شاہد تھے۔ انہوں نے اس کا گہرا مطالعہ کیا اور ان کی کتاب ڈیویلپمنٹ آف سیکولرزم ان ٹرکی (۱۹۶۴ء) ترکی کے بارے میں ہی نہیں بلکہ سوشیالوجی کے نقطہ نظر سے بھی سیکولرزم کا بہترین تجزیہ شمار ہوتی ہے۔

برکس کی رائے میں سیکولرزم کی اس تعریف سے کہ یہ روحانی اور عارضی (مادی) اقتدار میں تفریق کا نام ہے یہ تاثر پیدا ہوتا ہے کہ سیکولرزم کے مسئلے کا تعلق صرف ان ملکوں سے ہے جہاں روحانی اور مادی کی تقسیم موجود ہے۔ درحقیقت یہ تعریف بہت محدود ہے کیونکہ اس نقطہ نظر کی بنیاد مسیحی دنیا کے محدود تجربے پر ہے۔ اسلام میں اس تعلق کا دائرہ بہت وسیع ہے۔ دوسرے یہ تجزیہ اس لیے بھی محدود ہے کہ اس طرز مطالعہ میں سیکولرزم کا مطالعہ محض ایک نظریے اور فلسفے کے طور پر کیا جاتا ہے۔ عمرانیاتی طرز مطالعہ میں نظری اور لغوی پہلوؤں سے بھی بحث ہوتی ہے اور اس کے تعامل اور تجرباتی پہلو سے خصوصاً اس کے سماجی عمل سے جو تنوع اور اختلافات سامنے آتے ہیں وہ نظری تجزیے میں شامل نہیں ہوتے۔ سیکولرزم بطور نظریہ کا پس منظر مسیحی ہے۔ لیکن سیکولرائزیشن یعنی اس کی تطبیق کی سماجی ضروت کا پس منظر دوسری عالمگیر جنگ ہے۔ اس اعتبار سے یورپ اور مسلم دنیا میں سیکولرزم کی بطور نظریہ نشوونما میں اور سماجی عمل میں بہت فرق ہے۔ برکس کے استدلال کا خلاصہ مندرجہ ذیل ہے۔

سماجی عمل میں فکری انتشار، اضطراب اور اختلافات کی موجودگی معاشرے کی اندرونی کشمکش کا اظہار اور پیش آمدہ مسائل کا سامنا کرنے کی تیاری کی علامت ہے۔ مسلم دنیا میں سیکولرائزیشن کا عمل تاریخ تہذیب میں جدیدیت کے دور کا اثر ہے۔ اس میں بعض تجربات تو ویسے ہی ہیں جو دوسرے معاشروں کے ہیں، کیوں کہ تبدیلی کا عمل عالمگیر ہوتا ہے لیکن ہر قوم کی اپنی نسلی خصوصیات، تاریخی اور سماجی رویے وغیرہ بہت سے عوامل ہیں جن کی وجہ سے یہ مشابہت ہو بہو نہیں ہوتی۔ مسلم دنیا میں جب ریاست، دین، قانون، تعلیم، اور معیشت کو سیکولر بنانے کا عمل شروع ہوا تو سب نے اسے قبول نہیں کیا۔ اکثر اسے اسلام سے متصادم سمجھتے تھے۔ ان کا استدلال تھا: ''اسلام کو ایسے عقیدے میں محدود نہیں کیا جا سکتا جو محض ایک فرد کے شعور سے تعلق رکھتا ہو۔ یہ پورے سماجی نظام کی بنیاد ہے۔ اسلام ہر سماجی ادارے میں اس طرح رچا بسا ہے کہ ان اداروں کو مذہب سے الگ کرنے سے ان کی بقا مخدوش ہو جاتی ہے۔''

سیکولر سماجی عمل کی مخالفت میں مسلمانوں میں تین رجحانات نظر آتے ہیں۔ اول تو روایت پسند جو قرون وسطیٰ کے اسلام کو مستند سمجھتے ہیں۔ دوسرے اسلامی جدیدیت پسند جو قرون وسطیٰ کے اسلام کو خالص نہیں سمجھتے۔ تیسرے وہ جدت پسند جو یورپ کی ثقافت کو پوری کی پوری اپنانے کے حق میں ہیں۔

ترکی میں ۱۹۲۷ء سے ۱۹۳۷ء کا زمانہ ایسا ہے جس میں عثمانی ترکی میں مروج قرون وسطیٰ کی روایت سے وابستگی میں دراڑ آئی۔ اس روایت میں معاشرے کا تشخص افراد، اقلیات یا گروہوں کی بنیاد پر نہیں بلکہ مجموعی شکل

میں بیان کیا جاتا تھا۔ پورا معاشرہ کسی نہ کسی مذہب سے وابستہ شمار کیا جاتا تھا۔ معاشرے میں نظم وضبط اور اتحاد بادشاہی نظام مہیا کرتا تھا۔ مسلمانوں میں مذہبی اور غیر مذہبی امور میں فرق بھی شرعی اور غیر شرعی کی اصطلاحوں سے ہوتا تھا۔ قرون وسطیٰ میں سیاسی اختیار کے لیے امارت اور امامت کی بجائے سلطان کی اصطلاح رائج ہو چکی تھی۔

معاشرے کی تنظیم کے چھ اصول مسلم تھے۔ (۱) سیاسی اقتدار کے اصول کے تحت خدا کے بعد سب سے اعلیٰ حیثیت بادشاہ یا سلطان کی تھی۔ اس کی نمائندگی صدر اعظم یا وزیر اعظم کرتا تھا جو تمام انتظامی امور کا ذمہ دار تھا۔ باقی سب لوگ عوام یا رعایا تھے۔ (۲) دوسرا اصول فرق مراتب یا طبقات کا تھا جو معاشرتی درجہ بندی کا نظام تھا اور فرق مراتب کے اصولوں کے مطابق کام کرتا تھا۔ (۳) تیسرا اصول ملت کا تھا جو مختلف مذاہب کے پیروکاروں کا نظام تھا۔ ان کے مذہبی اور معاشی حقوق کی حفاظت ملت کے قواعد کے تحت ان کے مذہبی رہنما یا ترجمان کرتے تھے۔ (۴) چوتھا اصول حرفت کا تھا جس میں مختلف پیشوں کی تنظیمیں قائم تھیں جو مقررہ قواعد اور قوانین کے تحت بازار اور پیشوں کے نظام کو چلاتی تھیں۔ ان کے مابین جھگڑوں کو نمٹانے کے لیے الگ سے منصف مقرر تھے۔ پیشوں کی اس تقسیم کا اطلاق فوجیوں پر نہیں ہوتا تھا۔ وہ براہ راست پادشاہی نظام کے ماتحت تھے۔ (۵) پانچواں اصول نظام یا فطرت کہلاتا تھا جو اس پورے نظام کی وجہ جواز تھا۔ یعنی نظم وضبط قانون فطرت ہے اور اس نظام میں ہر شخص کے ساتھ اس گروہ اور حیثیت کے مطابق سلوک کیا جائے گا۔ (۶) چھٹا اصول حفظ نظام کا تھا، یعنی اس نظام پر عمل کو یقینی بنانے کے لیے ادارے اور قوانین کا اجرا۔

قرون وسطیٰ کے اس نظام میں شکست وریخت اٹھارہویں صدی میں شروع ہوئی۔ بالآخر ۱۸۰۹ء کا فرمان جاری ہوا جس میں مختلف معاشرتی طبقات کے مابین تعلقات کو معاہدات کی شکل دی گئی۔ ان طبقات میں علما، فوج، زمیندار وغیرہ شامل تھے۔ بادشاہ پر یہ معاہدات لاگو نہیں ہوتے تھے، کیوں کہ ان معاہدات کی ضمانت کا قانونی جواز بادشاہ تھا۔ اسے میگنا کارٹا یا آئین کا نام دینا صحیح نہیں کیوں کہ اس کا تعلق بادشاہ کے اختیارات سے نہیں تھا۔

اس نظام میں اختیارات کی تقسیم مذہب اور ریاست کے اعتبار سے نہیں تھی۔ اس لیے جب تک مذہبی طبقات قرون وسطیٰ کی طرز زندگی سے وابستہ رہے، انھیں سماج کے سیکولر بننے کے عمل سے کوئی سروکار نہیں رہا بلکہ اس تبدیلی کا احساس بھی نہیں ہوا۔ مسیحی دنیا میں قرون وسطیٰ کے طرزِ زندگی کے خاتمے کا مطلب مذہب اور ریاست میں اختیارات کی تقسیم کا خاتمہ تھا۔ جب قرون وسطیٰ کے طرز زندگی سے رشتہ ٹوٹا تو سیکولرزم کے اثرات شروع ہوئے۔ اسلام میں مذہب اور ریاست کی تقسیم دوئی کی بنیاد پر نہیں تھی، بلکہ مذہب اور ریاست دونوں کی بنیاد مذہب پر تھی اور دونوں مذہب سے جڑے ہوئے تھے۔ ریاست مذہب سے تشکیل پاتی تھی اور مذہب ریاست کا اصل الاصول تھا۔ اسی لیے سیکولرزم کو مذہب کا خاتمہ سمجھا گیا۔ مغربی جدیدیت پسندوں کا یہ استدلال کہ مسلم معاشروں کا سیکولرزم اور سیکولرائزیشن سے کوئی سروکار نہیں، صحیح نہیں۔ اسی طرح اسلامی جدیدیت پسندوں کا یہ کہنا کہ مسیحی اور اسلامی تاریخ میں فرق یہ ہے کہ ان دونوں کے مذہبی اور ریاستی اداروں اور مذہب اور سیاست کی درجہ

بندی مختلف تھی جس کا اثر ان کے سیکولرزم کے بارے میں تصورات پر پڑا؛ حالاں کہ دونوں کے ہاں روحانی اور مادی کو ملانے اور انھیں روایت کے ماتحت رکھنے کی کوششیں ہوئیں۔

سیکولرائزیشن روحانی اور مقدس اختیارات کو غیر مقدس، دنیاوی اور عوامی نظام میں بدلنے کا نام تھا۔ غیر مسیحی ریاست میں مذہبی اختیار کو سیاسی شکل دینے سے کوئی فرق نہیں پڑتا تھا۔ مسیحیت میں مذہب کی حیثیت استثنائی تھی۔ غیر مسیحی معاشروں میں سوال یہ تھا کہ کیا مذہبی قوانین زندگی کے تمام پہلوؤں پر حاوی ہیں؟ اگر ایسا ہے تو ان کے نفاذ کا اختیار کس کو ہے؟

برکس اس بحث کا ماحصل یوں بیان کرتے ہیں:

> سیکولرزم میں بنیادی تصادم دین اور دنیا میں نہیں، جیسا کہ مسیحیت میں بتایا گیا۔ اصل میں تصادم روایت کی حامی قوتوں کے جو دین اور مقدس قوانین کا غلبہ چاہتی ہیں اور تبدیلی اور انقلاب کی قوتوں کے مابین ہے۔ یہ تصادم ان معاشروں میں بھی ملتا ہے جہاں چرچ جیسے ادارے موجود نہیں۔ اور ایسے معاشرے میں بھی جہاں روایت کو اکثریت کے مذہب کی حمایت حاصل ہو۔ دوسری قسم کے معاشروں کو سیکولرزم زیروزبر کر ڈالتا ہے۔

قرون وسطیٰ میں مسلم علما مذہب کے بارے میں گنجائش کا رویہ اپناتے تھے۔ مذہب میں نئے معمولات، اور ایسی کمی بیشی کے اضافے کا نام بدعت ہے جس کی سنت تائید نہ کرے۔ علما ہر بدعت کو رد نہیں کرتے تھے۔ ان میں بہت سی نئی باتوں کو وہ بدعت حسنہ کہہ کر جواز فراہم کرتے تھے۔ علما کے وہ طبقے جو اقتدار کے مرکز سے دور تھے، وہ اس گنجائش کے خلاف تھے۔ یہیں سے مذہب اور ریاست کے تعلقات میں دراڑ آنی شروع ہوئی۔ اس کشمکش کی علامات ۱۵۹۰ء میں دوسرے ہجری ہزاریے کے آغاز میں ظاہر ہونا شروع ہوگئی تھیں۔ انیسویں صدی میں تنظیمات یا اصلاحات کے نظام کی مخالفت کے بعد تو مذہب اور ریاست پوری طرح علیحدہ ہوگئے۔

عرب دنیا

عرب دنیا میں مسیحی اور دوسرے مذاہب اقلیت میں تھے اور مسلم اکثریت میں لیکن عربی زبان مشترکہ ہونے کی وجہ سے ثقافتی اشتراک مضبوط تھا۔ عربوں میں عرب قومیت سلطنت عثمانیہ کی مخالفت کی تحریک کے طور پر ابھری۔ یہاں عثمانی سلطنت مذہبی اقتدار کی علامت تھی۔ مسلم اور مسیحی عرب دونوں عثمانیوں سے آزادی چاہتے تھے، اس لیے سیکولرزم مقبول ہوا۔ چند اسلامی تحریکیں سیکولرزم کے خلاف تھیں لیکن عرب قومیت کے مقابلے میں ان کی آواز بہت کمزور تھی۔ عرب دنیا ویسے بھی اب متعدد قومی ریاستوں میں تقسیم تھی۔ پان اسلام کے مقابلے میں پان عرب یا وحدت عربیہ کا نعرہ زیادہ بامعنی تھا۔ پان اسلامزم یا وحدت ملت مسلمہ کا مطلب سلطنت عثمانیہ کی بحالی بھی بنتا تھا، اس لیے اس کو وہ قبولیت نہ مل سکی جو عرب قومیت کو حاصل تھی۔ عرب قومیت کو بڑا دھچکا ۱۹۶۷ء میں رمضان کی چھ روزہ سے جنگ سے پہنچا اور بعد میں خلیج کی جنگ ۱۹۹۰ء میں تو سیکولرزم اور قومیت کا بہت حد تک

خاتمہ ہوگیا۔ پان اسلامزم کی تحریکیں زیادہ قوت کے ساتھ سامنے آئیں۔ ان تحریکوں نے سیکولرزم کی تردید ان نئے حالات میں پیش کی تو وہ عوام میں مقبول ہوگئی۔

یوسف القرضاوی (۱۹۲۶ء)

شیخ یوسف القرضاوی کا تعلق مصر سے ہے لیکن ایک عرصے سے قطر میں مقیم ہیں۔ ان کا تعلق اسلامی تحریکوں کے معتدل طبقے سے ہے۔ تاہم سیکولرزم کے بارے میں ان کا رویہ معتدل نہیں۔ ان کے نزدیک سیکولرزم کا مطلب لادینی اور دنیاوی طرز فکر ہے۔ سیکولرزم کے بارے میں شیخ کی اسلامی تعبیرات ان کی کتاب 'الاسلام و العلمانیہ' (۱۹۷۶ء) سے لی گئی ہیں۔ اس کتاب کا تاریخی سیاق علی عبدالرازق کی کتاب 'الاسلام واصول الحکم' ہے جو ۱۹۲۵ء میں الازہر میں تحقیقی مقالہ کے طور پر پیش ہوئی۔ یہ وہ وقت تھا جب ترکی میں خلافت کا خاتمہ کردیا گیا تھا۔ علی عبدالرازق کا کہنا تھا کہ ریاست اسلام کے قیام کے لیے ضروری نہیں۔ ۱۹۸۶ء میں فوادزکریا نے علی عبدالرازق کے حق میں لکھا تو شیخ قرضاوی نے اس کی سختی سے تردید کی جو اس کتاب میں شائع ہوئی۔ یہ کتاب بہت مقبول ہوئی اور اس کا اردو سمیت دوسری کئی زبانوں میں ترجمہ بھی ہوا۔

شیخ قرضاوی کا اصرار ہے کہ دینی اور غیر دینی کی تقسیم کا اسلام سے تعلق نہیں بلکی یہ مغربی سوچ ہے (قرضاوی، ۱۹۹۷ء)۔ اہم بات یہ ہے کہ وہ لادینی اور غیر دینی کو ہم معنی بتاتے ہیں۔ ان کے نزدیک سیکولرزم اسلام سے متصادم ہے اور مسلم معاشرے میں کبھی کامیاب نہیں ہوا، البتہ وہ سیکولرزم اور الحاد میں فرق کرتے ہیں۔ الحاد کا مطلب خدا کے وجود سے انکار ہے لیکن سیکولرزم کا معنی خدا کے وجود سے انکار نہیں۔ مغرب میں بھی اس کا یہ معنی نہیں۔ مغرب میں اس کا مطلب یہ ہے کہ چرچ کو روزمرہ زندگی میں اور سائنس کے امور میں دخل کا کوئی حق نہیں۔ ان کے ہاں مذہب چرچ اور پادریوں کی شکل میں موجود تھا۔ اور انھیں حکومت، سیاست، معیشت، تعلیم ثقافت اور سماجی امور میں دخل دینے کا حق نہیں (قرضاوی، ۱۹۹۷ء)۔ وہ مذہب اور سیاست کی تفریق کے قائل نہیں۔ اسلام اس تفریق کو قبول نہیں کرتا۔ سیکولرزم اس تفریق کا مطالبہ کرتا ہے اس لیے سیکولرزم کفر کی دعوت ہے۔ قرضاوی کی رائے میں سیکولرزم ارتداد ہے اور سیکولر کے لیے کفر اور ارتداد کی سزا ہے۔

القرضاوی نے لکھا ہے کہ مسیحیت اور اسلام میں سیکولرزم کے بارے میں اختلاف ہے، اس لیے مسیحی معاشرہ سیکولرزم قبول کرسکتا ہے لیکن مسلم معاشرہ نہیں۔ ان کے نزدیک اس کی وجہ یہ ہے کہ مسیحیت میں شریعت کا کوئی تصور نہیں۔ مسیحی ریاست کے اقتدار کو تسلیم کرتے ہیں۔ قرضاوی کی رائے میں سیکولرزم کی حمایت کا مطلب شریعت سے، الوہی ہدایت سے، اور خدا کے وجود سے انکار ہے۔ مسلمانوں کے لیے یہ دہریت ہے اور ترک اسلام کے مترادف ارتداد ہے۔

راشد الغنوشی (۱۹۴۱ء)

شیخ القرضاوی کی طرح راشد الغنوشی بھی سیاسی اسلامی تحریکوں سے وابستہ تھے۔ تیونس میں النھضہ پارٹی کے بانی سربراہ ہیں لیکن ۱۹۶۰ء کے بعد سے تیونس کے استبدادی نظام کے خلاف جدوجہد میں یہ آزادی رائے اور انسانی حقوق کی تحریک میں سرگرم ہو گئے۔ عرب بہار کی تحریک جس کا آغاز تیونس سے ہوا، آمریت کے خلاف تھی۔ النھضہ برسر اقتدار آئی تو غنوشی نے آزادی کے موضوع پر بہت واضح موقف اختیار کیا۔

راشد الغنوشی نے ۲ مارچ ۲۰۱۲ء میں سیکولرزم اور مذہب کے مابین تعلقات کے بارے میں اپنی جماعت کا مؤقف بیان کرتے ہوئے ایک مفصل تقریر کی جس کا خلاصہ یوں ہے:

> سیکولرزم کا کوئی ایک واضح تصور نہیں۔ یہ کہنا زیادہ صحیح ہے کہ اس وقت دنیا میں سیکولرزم کے متعدد تصورات رائج ہیں۔ ان سے پتہ چلتا ہے کی یہ کوئی فلسفیانہ یا نظریاتی تصور نہیں بلکہ اگر یورپ کی تاریخ کو دیکھا جائے تو یہ ایک 'انتظامی بندوبست' کے طور پر ابھرا ہے۔ اس کا ایک تاریخی پس منظر تو پروٹسٹنٹ اور کیتھولک فرقوں کی باہمی آویزش اور سولھویں اور سترہویں صدی میں حصول اقتدار کی جنگیں ہیں جن میں آخر کار اس بات پر سمجھوتہ ہوا کہ ریاست اس آویزش میں غیر جانبدار رہے۔ اس میں انتظامی بندوبست یہ تھا کہ ریاست اور مذہب نے دائرۂ اقتدار باہم تقسیم کر لیے۔ پبلک یعنی انتظامی امور ریاست کے پاس اور انفرادی مذہب کے پاس چلے گئے۔ لیکن اس تقسیم میں بھی عملی طور پر بہت سے اختلافات باقی رہے۔

امریکہ میں چرچ کی طاقت اور یورپ سے امریکہ کی جانب ہجرت کی مذہبی نوعیت کی وجہ سے مذہب کا ریاست میں عمل دخل اب تک جاری ہے۔ ریاست پوری طرح غیر جانبدار نہیں۔ یورپ کے ملکوں میں بھی اسی طرح کے اختلافات اب بھی باقی ہیں۔ نمایاں فرق فرانس اور انگلستان کا ہے۔ برطانیہ میں ریاست اور مذہب کی سربراہی ملکہ یا بادشاہ کے پاس ہے۔ فرانس مذہب اور ریاست میں مکمل فرق کا قائل ہے۔ اس فرق کی ایک وجہ تو کیتھولک اور پروٹسٹنٹ کا اختلاف ہے۔ فرانس میں انقلاب کا مقصد بادشاہت اور کیتھولک چرچ کے اقتدار سے آزادی تھی۔ جیکوبین انقلابیوں کا نعرہ تھا کہ 'آخری بادشاہ کو پاپائیت کی انتڑیوں سے گلا گھونٹ کر پھانسی دو'۔ تیونس میں مذہب اور ریاست میں مکمل تفریق کے رجحانات فرانس کے تاریخی تجربے سے متاثر ہوئے۔ ریاست غیر جانبدار تھی لیکن مذہب کو انفرادی زندگی میں مکمل آزادی تھی۔

اسلامی تاریخ پر نظر ڈالیں تو مذہب اور ریاست میں کبھی تفریق نہیں تھی۔ میثاق مدینہ میں ریاست کی سربراہی حضرت محمدؐ کی تھی۔ نبی اکرمؐ اور مدینہ کے شہریوں کے درمیان معاہدے کی نوعیت بھی مذہبی تھی۔ لیکن یہ معاہدہ مذاہب میں تفریق نہیں کرتا تھا۔ اس میں مسلمان، یہودی اور مشرکین سبھی برابر تھے۔ سب کو مذہبی آزادی حاصل تھی لیکن سب مدینہ کی حفاظت کے ذمہ دار تھے۔ تبدیلی یہ تھی کہ یہ ریاست بدویت سے شہریت کی جانب منتقلی کی داعی تھی۔ یثرب کو مدینہ یعنی شہر میں تبدیل کیا گیا۔ بدوی قبائل کو مدنیت اور حضارت میں شامل ہونے کی دعوت دی گئی۔ یہ ایک ثقافتی اصول تھا۔ مسلمان جہاں بھی گئے وہاں سب سے پہلے شہر تعمیر کیے۔

دوسری تبدیلی تحریری معاہدے کا اصول تھا جو صحیفہ (میثاق مدینہ) کی شکل میں متعارف ہوا۔ اس صحیفے میں ریاست کے دو اصول تھے: (۱) ریاست اور شہریوں کے حقوق و فرائض اور (۲) مذہب اور ریاست کے دائرہ کار کی حد بندی۔ یہ حد بندی نبی کریمؐ کی سیرت میں اسوہ کے طور پر بھی موجود تھی جو وحی اور رائے یا حکم الٰہی اور انسانی قانون میں فرق پر مبنی تھی۔ رسول اللہ نے کھجور کے پیوند والے واقعے میں یہ اصول دیا کہ ان کا ہر مشورہ وحی نہیں۔ اسی لیے بعض اوقات صحابہ اور صحابیات رسولؐ اللہ سے پوچھ بھی لیتے تھے کہ ان کا فرمان ذاتی رائے ہے یا وحی الٰہی۔

اسلامی روایت میں بھی اس حد بندی پر عمل رہا۔ فقہ میں عبادات اور معاملات میں فرق اس کی مثال ہے۔ عباسی دور کے کئی اہم واقعات سے بھی یہی پتہ چلتا ہے۔ امام مالک نے خلیفہ منصور کی اس تجویز کو کہ 'الموطا' کو ملک کا قانون بنا دیا جائے، اس لیے مسترد کر دیا کہ ریاست کسی ایک مذہب یا شخص کی رائے کو دوسروں پر مسلط کر کے اپنی غیر جانبداری سے دستبردار نہیں ہوگی۔ اسی طرح جب خلیفہ مامون نے معتزلی عقائد کو ریاست کے زور سے نافذ کرنا چاہا تو اہلِ مذہب نے شدید مزاحمت کی۔ جدید دور میں سیاسی جماعتوں نے اس اصول کو فراموش کیا تو امت انتہا پسندی کا شکار ہوئی۔ مسیحی دنیا میں بھی کیتھولک پوپ جان پال دوم اور روسی چرچ نے 'ریاست کو مذہب کا بوجھ اٹھانے اور یوں مذہب پر بوجھ بننے' سے منع کیا۔

راشد غنوشی کی رائے میں ریاست اور مذہب میں حد بندی کی ضرورت کے کئی اسباب ہیں۔ اول تو فرانس اور کمیونزم کے مذہب اور ریاست میں تفریق کے حالیہ تجربات سے ثابت ہے کہ ریاست اور مذہب میں دوری سے ریاست مافیا کی شکل اختیار کر لیتی ہے جو کسی بھی قسم کی اقدار کی پابند نہیں رہتی۔ دوسرے ریاست کو مذہبی اقتدار دینے سے ریاست غیر جانبدار نہیں رہتی۔ یہ مذہبی اقتدار آئیڈیالوجی کے نام پر ہو یا کسی مخصوص مذہبی نظریے کے نام پر۔ حجاب کے مسئلے کو ہی لے لیں۔ ریاست کی جانب سے حجاب کی ممانعت بھی اتنی ہی جانبداری ہے جتنا کہ کسی ریاست کی جانب سے حجاب کا نفاذ۔

ریاست کی غیر جانبداری کے لیے مذہب اور سیاست میں توازن لازم ہے۔ یہ تبھی ہو سکتا ہے جب ایک طرف تو مذہب اور سیاست کے دائرہ کار میں حد بندی کی جائے اور دوسری جانب مذہب میں ابدی اور غیر ابدی یا غیر متبدل اور متبدل میں فرق رکھا جائے۔ ریاست کی بنیادی ذمہ داری ملک میں امن کا قیام، شہریوں کے جان و مال کی حفاظت، ان کو صحت اور تعلیم کی سہولیات فراہم کرنا ہے، ان کے افکار اور عقائد پر پابندیاں عائد کرنا نہیں۔

ریاست کے اسلامی ہونے کے لیے یہ کافی ہے کہ وہ لوگوں کو اسلامی اقدار کے مطابق زندگی گزارنے کی آزادی کو یقینی بنائے۔ اس کا یہ کام نہیں کہ وہ لوگوں کو کسی خاص مذہبی ادارے یا مسلک کی پابندی پر مجبور کرے۔ یہ حق عوام کا ہے کہ وہ یہ فیصلے عوامی اداروں کے ذریعے کریں۔ جہاں تک سیکولرزم کا تعلق ہے، اس کے متعلق جھگڑے کی وجہ اس کے بارے میں لاعلمی اور غلط فہمیاں ہیں۔ ''سیکولرزم نہ الحاد ہے نہ دہریت، یہ محض انتظامی بندوبست کی ایک شکل ہے تاکہ عقیدہ اور فکر کی آزادی کو یقینی بنایا جا سکے۔ یہ شہریت کا اصول ہے کہ ملک کسی ایک سیاسی جماعت کی ملکیت نہیں۔ یہ سب شہریوں کا ہے جن میں مذہب، نسل اور جنس کی بنیاد پر امتیاز روا نہیں۔''

جنوب مشرقی ایشیا

جنوب مشرقی ایشیا کی معاشرت دوسرے مسلم ممالک سے مختلف ہے۔ یہاں مسلم اکثریت کے باوجود اقلیتوں کوسیاسی اورسماجی آزادی حاصل ہے۔ثقافتی اور معاشی اختلافات ہیں لیکن حصول آزادی میں مشترکہ سیاسی جدوجہد کی وجہ سے اسے مثبت تنوع کے طور پر اپنالیا گیا ہے۔ جنوب مشرقی ایشیا میں علماعرب دنیا اور جنوبی ایشیا سے مسلسل رابطوں میں رہنے کی وجہ سے ان علاقوں میں برپا علمی، سیاسی اور مذہبی تحریکوں میں مسلسل شریک رہے ہیں۔ جنوب مشرقی ایشیا میں جہاں انڈونیشیا میں سیکولرزم کو ناگزیر سمجھتے ہوئے رسمی طور پر اپنالیا گیا ہے وہاں ملائشیا میں مذہبی تشخص کو اہم سمجھا جاتا ہے۔ مطالعے کے لیے ہم نے سید نقیب العطاس کو لیا ہے تاکہ اس علاقے میں تنوع کی اہمیت اجاگر ہو سکے۔

سید محمد نقیب العطاس (۱۹۳۱ء)

سید العطاس کے مطابق ''سیکولر کا لفظ زمان اور مکان کے دہرے مفہوم میں بولا جاتا ہے یعنی اب اور اس جگہ۔تصور کے اعتبار سے سیکولر کا مطلب دنیا کے وہ حالات ہیں جو کسی خاص وقت اور عہد سے تعلق رکھتے ہوں۔'' (عطاس ۱۹۹۳ء، ۱۶)۔سیکولرائزیشن اس عمل کا نام ہے جو انسان کی زبان اور عقل کو مذہبی اور مابعد الطبیعیاتی سوچ سے نجات دلائے۔قرضاوی کی طرح العطاس بھی کہتے ہیں کہ سیکولرزم مسیحیت میں تو ممکن ہے اسلام میں نہیں۔ان کے نزدیک سیکولرزم کی جڑیں بائبل کی نصوص اور عقائد میں نہیں بلکہ ان کی مغربی تعبیر میں ملتی ہیں۔ان معنوں میں اسلام سے ان کا کوئی تعلق نظر نہیں آتا۔زیادہ سے زیادہ یہ کہا جاسکتا ہے کہ سیکولرزم کا تعلق قرآن کریم میں مذکور دنیوی زندگی کے تصور سے جوڑا جاسکتا ہے جو زندگی کا اعلیٰ اور مثالی تصور نہیں۔

اسلام کی رو سے دنیاوی زندگی بھی قانون الٰہی کے ماتحت ہے اور سیاسی اور سماجی اداروں کا قانونی جواز بھی الٰہی قانون کی پابندی پر منحصر ہے۔''چنانچہ مسلمان ذاتی حیثیت میں اور اجتماعی طور پر معاشرے،قوم اور امت کی حیثیت سے کسی شخص،حکومت اور ریاست کو شرعی طور پر اسی صورت میں جائز سمجھتے ہیں جب وہ سنت کے تابع ہو اور اللہ کی نازل کردہ شریعت پر عمل پیرا ہو۔'' سیکولرزم ایک آئیڈیالوجی اور نظریہ حیات ہے اور سیکولرائزیشن اس پر عمل کا نام ہے۔

عطاس اسلام اور سیکولرزم کو باہم متضاد نظری حیات سمجھتے ہیں، ایک کی موجودگی میں دوسرا پنپ نہیں سکتا۔ تاہم وہ اسلام اور مسیحیت میں اور اسلامی اور یورپی فکر میں فرق کرتے ہیں۔ان دونوں کے دینی کلامیاتی اور فلسفیانہ فکری معیارات الگ الگ ہیں۔ جدید سائنس چیزوں کو محض مادی چیز سمجھتی ہے، اس لیے صرف ظاہر کے مطالعے کو علم کا مقصد قرار دیتی ہے۔اس نقطہ نظر کے مادی فوائد یقینا بہت ہیں لیکن اس طرز فکر کے ساتھ فطرت کو تباہ کرنے کی لامتناہی اہلیت اور کبھی نہ بجھنے والی پیاس بھی پیدا ہوئی ہے۔کائنات اور فطرت کا کوئی مقصد یا اصول نہ ماننے سے انسان یہ سوچنے لگا ہے کہ وہ خدا ہے یا خدا کا شریک۔کسی مقصد کے بغیر علم کا سفر حقیقت سے دور لے

جاتا ہے۔اسی وجہ سے خود علم کی تحصیل کا جواز مشکوک ہو گیا ہے۔

عطاس کی نظر میں مغربی تہذیب مسلسل تبدیلی کے عمل سے گزر رہی ہے لیکن کسی وجود میں آئے بغیر محض وجود پذیر رہتی ہے۔ مغرب کے اس تہذیبی رجحان کے زیر اثر بہت سی قومیں اور ادارے ترقی کے اہداف اور تعلیم کے مقاصد پر بار بار نظر ثانی کر رہے ہیں۔ اسلامی مابعد الطبیعیات میں حقیقت تغیر اور ثبات دونوں سے ترتیب پاتی ہے۔ ظاہری کائنات کے جن پہلوؤں کو ثابت سمجھا جاتا ہے، وہ مسلسل بدل رہے ہیں۔ یہ سمجھنا کہ اسلام بھی مسیحیت کی طرح انھی تبدیلیوں کے تجربات سے گزرے گا، غلط ہے۔ مسیحیت کی طرح اسلام بھی سیکولرائزیشن کے اس عمل سے گزرا ہے لیکن مغربی انسان کے برعکس مسلمان اپنے ایمان پر قائم ہیں۔

جنوبی ایشیا

جنوبی ایشیا میں مسلمان اقلیت میں ہوتے ہوئے ایک طویل عرصہ برسر اقتدار رہے۔ رعایا کی اکثریت غیر مسلم تھی۔ بادشاہ مسلمان تھے لیکن اکثریت مذہبی نہیں تھی۔ علما کو دہلی سلطنت اور مغل ادوار دونوں میں ریاست سے شکایت ہی رہی کہ وہ غیر مسلموں کو اسلامی شریعت سے زیادہ حقوق دے رہے ہیں۔ ضیاالدین برنی نے 'فتاویٰ جہانداری' میں شکوہ کیا کہ شافعی مذہب ہوتا تو غیر مسلموں کے لیے ضروری ہوتا کہ وہ اسلام قبول کرتے یا مسلسل جہاد کا سامنا کرتے۔ اس کا کہنا تھا کہ اگر ایسا ہوتا تو برصغیر میں مسلمان اقلیت میں نہ ہوتے۔ برطانوی استعمار کا ہندوؤں نے خصوصاً خیر مقدم کیا۔ استعمار کے دور میں مذہب اور سیاست کے نئے مفہوم سامنے آئے۔ روایتی علما کی اکثریت مذہب اور سیاست میں فرق کی قائل تھی۔ شاہی درباروں میں حاضری ایک عالم کی شان کے خلاف سمجھی جاتی تھی۔ دِقت اس وقت پیش آئی جب آزادی کی تحریک میں علما کی شمولیت کی ضرورت پڑی۔ بیسویں صدی کے اوائل میں جب علما کو بہت مشکل سے سیاست میں لایا گیا تو اس وقت خلافت کی تحریک چل رہی تھی۔ شروع میں یہ تحریک برطانوی استعمار کے خلاف تھی جسے خلافتِ عثمانیہ کے خاتمے کا ذمہ دار سمجھا جاتا تھا۔ لیکن بعد میں اتاترک کے سیکولرزم کی مخالفت میں برپا رہی۔ عالمگیر جنگ میں ترکی برطانیہ مخالف اتحاد کا حصہ تھا۔ اس لیے یہ تحریک بتدریج ختم ہوگئی۔

جنوبی ایشیا میں سیکولرزم کی بحث کے عام طور پر دو حوالے رہے۔ ایک کا تعلق ترکی میں سیکولرزم سے تھا جو فرانسیسی سیکولرزم سے متاثر تھا۔ اس کا ذکر اوپر ہو چکا۔ اس کا تفصیلی تجزیہ علامہ اقبال کے ہاں ملتا ہے جس کا ذکر آگے آرہا ہے۔ دوسرا حوالہ بھارتی سیکولرزم کا ہے جو برطانوی سیکولرزم سے متاثر تھا۔ اس کا تجزیہ بھی آگے آئے گا۔ لیکن اس کا مختصر ذکر ضروری ہے۔

برصغیر میں آزادی کی تحریک ایک طویل عرصے تک مشترک رہی جس کے لیے ہندو مسلم اتحاد ضروری تھا۔ اس اتحاد کی ایک صورت سیکولرزم کا نظریہ بھی تھا۔ اتحاد کے مخالفین کو کمیونل یا فرقہ پرست کا نام دیا جاتا تھا۔ انڈین نیشنل کانگریس ہندو مسلم اتحاد اور سیکولرزم کی ترجمان تھی۔ اس میں شامل مسلم بطور اقلیت اس اتحاد میں خود کو محفوظ

سمجھتے تھے، کیوں کہ برطانوی سیکولرزم میں ریاست مذہبی آزادی کو تحفظ دیتی تھی۔ اسی لیے جمعیت العلمائے ہند نے کانگریس کا ساتھ دیا۔ مسلم لیگ کو مسلم اشرافیہ کی حمایت حاصل تھی۔ مسلم لیگ نے مسلم نیشنلزم کا دوقومی نظریہ پیش کیا اور مسلمانوں کے لیے علیحدہ سیاسی نظام کا مطالبہ کیا جو بتدریج پاکستان تحریک میں بدلتا گیا۔ قومیت کے بارے میں علما میں اختلافات تھے۔ جمال الدین افغانی جو پان اسلامزم کے حامی اور برطانوی استعمار کے مخالف تھے، جنوبی ایشیا کے مسلمانوں میں بہت مقبول رہے۔ تاہم پاکستان کی تحریک پان اسلامزم کی بجائے ایک قومی تحریک بنی جو جنوبی ایشیا میں مسلم قومیت پر مبنی تھی۔ جن مسلم علما نے کانگریس کا ساتھ دیا، وہ سیکولرزم کے حامی تھے۔ قاری طیب کی کتاب 'اسلامی حکومت میں سیکولرزم' کے اسی مفہوم کو لیا گیا ہے۔

پاکستان میں سیکولرزم کی تعریف آئیڈیالوجی کے ضمن میں کی گئی۔ یہ اصطلاح مذہب کے مترادف معانی میں متعارف ہوئی۔ ۱۹۷۰ء کی دہائی میں اسے سرکاری طور پر مذہبی نظریہ حیات کے معنوں میں اپنا لیا گیا۔ اسلامی قانون کا آئینی ادارہ جو ۱۹۶۰ء کے آئین میں مشاورتی ادارے کی حیثیت سے قائم ہوا تھا، ۱۹۷۳ء کے آئین میں اسے کونسل آف اسلامک آئیڈیالوجی کا نیا نام دیا گیا۔ ۱۹۷۹ء میں اسلام کے نظریاتی نفاذ کے دور میں پاکستان کی جغرافیائی سرحدوں کے ساتھ نظریاتی سرحدوں کی حفاظت بھی افواج پاکستان کی ذمہ داری طے پائی۔ اسی تناظر میں نظریۂ پاکستان کی تشکیل نو بھی بطور آئیڈیالوجی مکمل ہوتی گئی۔ ۱۹۴۱ء کی قرارداد لاہور کی جگہ جو قراردادِ پاکستان بھی کہلاتی تھی، ۱۹۴۹ء کی قرارداد مقاصد کو نظریہ پاکستان کا درجہ ملا اور ۱۹۷۳ء کے آئین میں یہ قرارداد پہلے اس کا مقدمہ اور بعد میں آئین کا حصہ بنی۔ اس قرارداد میں مذہب اور ریاست کے بارے میں اٹھنے والے بہت سے سوالات کے جوابات اتفاق رائے سے طے کر دیے گئے۔ اب یہ آئیڈیالوجی پاکستان کا آئین ہے۔

محمد اقبال (۱۸۷۷-۱۹۳۸ء)

علامہ محمد اقبال کے ہاں سیکولرزم پر بحث بنیادی طور پر ترکی کے حالات کے حوالے سے ہے۔ ترکی میں خلافت عثمانیہ کے بعد نئی قومی ریاست پر گفت وشنید میں دو رجحانات غالب تھے جن کی ترجمانی نیشنلسٹ پارٹی اور ریلیجس ریفارم پارٹی دو سیاسی جماعتیں کر رہی تھیں۔ نیشنلسٹ پارٹی کی سیاسی فکر میں ریاست کو مذہب سے کوئی سروکار نہیں تھا۔ قومی ریاست میں بنیادی کردار ریاست کا ہوتا ہے اور وہی دوسرے اداروں کے دائرہ کار اور مناصب کا تعین کرتی ہے، اس لیے وہ مذہب اور ریاست کے باہمی تعلق کو قدیم تصور قرار دے کر رد کر رہے تھے۔ اس کے برعکس ریلیجس ریفارم پارٹی کے رہنما سعید حلیم پاشا کا اصرار تھا کہ جدید دور میں اسلام ہی عالمی تصور کے آئیڈیلزم (مثالیت) اور قومیت کے محدود پوزیٹوزم (اثباتیت) میں توازن اور ہم آہنگی پیدا کر سکتا ہے۔ اقبال مذہب اور ریاست کو روحانی اور مادی کے دو الگ دائروں میں تقسیم کرنے کے قائل نہیں تھے۔ اس لیے ان میں تفریق یا ہم آہنگی کا سوال بے معنی تھا۔ اسلام میں یہ ایک ہی حقیقت ہے جو ایک زاویے سے چرچ اور دوسرے سے ریاست نظر آتی ہے۔

اقبال یہ وضاحت بھی کرتے ہیں کہ مسلمانوں کا سیکولرزم کو دیکھنے کا زاویہ یورپ سے مختلف ہے، تاہم چرچ کو اسٹیٹ سے الگ رکھنے کا خیال اسلام کے لیے اجنبی نہیں۔ امام کی غیبت کبریٰ کے عقیدے کی بنا پر شیعی ایران میں یہ تفریق بہت پہلے عمل میں آچکی تھی۔ اسلام میں ریاست کے دائرہ کار میں دینی اور سیاسی مناصب کی تقسیم کو یورپ میں چرچ اور اسٹیٹ میں تفریق کے ہم معنی نہیں سمجھنا چاہیے۔ اسلام میں یہ صرف ریاست کے کام اور دائرہ کار کی تقسیم ہے۔ یورپ میں اس تقسیم کی بنیاد روح اور مادہ کی مابعدالطبیعیاتی دوئی اور امتیاز ہے۔ اقبال کا اصرار ہے کہ ''اسلام ابتدا سے ہی ایک سول سوسائٹی ہے جہاں قانون اپنی نوعیت میں سول ہے اگرچہ عقیدے کی رو سے اس کا منبع وحی الٰہی ہے۔'' (اقبال: ۱۹۷۶ء، ص ۴۷۔۴۸)۔ ان عبارات میں سول کا وہی مفہوم ہے جو آج کل سیکولر کا ہے۔

جواہر لال نہرو نے ۱۹۳۷ء میں جب مذہب اور قومیت کی بحث اٹھائی اور مذہب کو قومیانے کی بات کی تو اس نے یہ سوال بھی اٹھایا کہ اتاترک نے جب مذہبی امور میں دخل دیا اور مذہبی معاملات میں اصلاحات کیں تو کیا اس نے اسلام کو ترک نہیں کر دیا؟ اور کیا یہ اصلاحات بھی دائرۂ اسلام سے خارج نہیں تھیں؟

اقبال نے بہت تفصیل سے ان سوالات کا جواب دیتے ہوئے لکھا کہ اتاترک ترکی زبان، یورپی لباس اور یورپی قوانین کے اختیار کرنے سے اسلام سے خارج نہیں ہوتا، کیوں کہ اسلام کا قانون سول اور معاشرہ اپنی اصل میں سول ہے۔ اس سوال کے جواب میں کہ ترکی نے ترقی کے لیے جو مادی سوچ اپنائی ہے، کیا وہ اسلام کے متضاد ہے؟ اقبال نے لکھا کہ مسلمانوں نے ترک دنیا اور مادی ترقی سے بہت دیر منھ موڑ لیا، اب وقت ہے کہ وہ حقیقت پسند بنیں۔ مذہب کے خلاف جنگ میں مادیت کا ہتھیار ناکارہ ہے لیکن ملائیت اور صوفیت کے خلاف بہت کارآمد ہے کیونکہ یہ دونوں عوام کی جہالت اور جلد یقین کر لینے کی عادت سے فائدہ اٹھاتے ہوئے جان بوجھ کر مادیت کے بارے میں غلط فہمی پھیلاتے ہیں۔ اسلام کی روح مادے سے تعلق پر خوفزدہ نہیں ہوتی بلکہ قرآن کریم حکم دیتا ہے کہ دنیا سے اپنا حصہ لینا نہ بھولو۔ جیسے اللہ نے تمھارے لیے اچھا کیا ہے تم بھی اچھائی کرو۔ زمین پر فساد نہ چاہو، اللہ فساد پھیلانے والوں کو پسند نہیں کرتا (۲۸: ۷۷)۔ غیر مسلم کے لیے اسلام کے یہ احکام ناقابل فہم ہیں کیوں کہ پچھلی چند صدیوں میں مسلم دنیا کی تاریخ اس کی تائید نہیں کرتی۔ مادی نقطہ نظر خودی کے اظہار کی ہی ایک شکل ہے۔ (اقبال: ۱۹۷۶ء)

کیا قدیم لباس ترک کرنا یا لاطینی رسم الخط اپنانا ترک اسلام ہے؟ اقبال جواب دیتے ہیں کہ بطور دین اسلام کا کوئی ملک نہیں۔ بطور معاشرہ مسلمانوں کا کوئی مخصوص لباس یا زبان نہیں۔ حتیٰ کہ قرآن کو عربی کے علاوہ دوسری زبانوں میں تلاوت کے بارے میں مسلم تاریخ میں نظائر موجود ہیں۔ ''فقہ اسلامی کے مطابق مسلم ریاست کے امیر کو اختیار ہے کہ اگر اسے یقین ہو کہ کوئی فعل جس کی قانون نے اجازت دی ہے، فساد کا باعث بن رہا ہے تو وہ اسے ممنوع قرار دے سکتا ہے۔ جہاں تک سند یافتہ علما کے علاوہ باقی کو فتویٰ سے منع کرنے کا سوال ہے تو اقبال نے لکھا کہ مجھے اختیار ہو تو میں مسلم ہندوستان میں لازماً یہ قانون متعارف کرا دوں تاکہ قصہ گو ملا کی ایجادات کو روکا جا

سکے جو اکثر عام مسلمان کی سادہ لوحی کا استحصال کرتا ہے۔ اتاترک نے ایسے ملا کو عام آدمی کی مذہبی زندگی سے خارج کر کے ابن تیمیہ اور شاہ ولی اللہ کے دلوں کو خوش کر دیا ہے (اقبال: ۱۹۷۶ء، ۴۴)۔

علامہ اقبال کے نزدیک ریاست کو مذہبی اصلاحات کا حق ہے، کیوں کہ اسلام میں مذہبی تعلیمات کی اشاعت ریاست کے فرائض میں شامل ہے۔ حدیث نبوی کی رو سے صرف ریاست کے امیر یا اس کے مقرر کردہ افراد کو دین کی تبلیغ کا حق ہے۔ معلوم نہیں اتاترک اس حدیث سے واقف تھا لیکن یہ معمولی بات نہیں کہ اس اہم معاملے میں اس کے اسلامی ضمیر نے اصلاحی اقدامات کو کس طرح روشنی فراہم کی (اقبال: ۱۹۷۶ء، ۴۵)۔

مختصر یہ کہ اقبال کے ہاں سیکولرزم کی بنیاد اور مذہب اور سیاست کی یکجائی کا محرک سیاسی، قانونی اور سماجی اصلاحات کی ناگزیری کا اصول ہے۔ فکر اقبال میں سیکولرزم کا مطلب چرچ کے اقتدار کی نفی اور اس اختیار کو ریاست کو منتقل کرنا ہے۔ مولانا مودودی، شیخ القرضاوی اور نقیب العطاس ریاست کو یہ اختیار دینے کے حق میں نہیں۔ وہ اس بات پر اصرار کرتے ہوئے کہ اسلامی قانون مکمل اور ناقابل تبدیل ہے، اصلاحات کے سوال کو غیر واضح رکھتے ہیں۔ اسی لیے وہ یہ کہہ کر کہ اصلاح کا حتمی اختیار صرف علما کو ہے ریاست کو نہیں، دراصل چرچ اور ریاست کی دوئی کی بات کرتے ہیں۔

اقبال اس ابہام کو دور کرنے کے لیے اجتہاد کا حوالہ دیتے ہیں اور یہ تجویز کرتے ہیں کہ یہ اختیار ریاست کے پاس ہونا چاہیے۔ ان کا استدلال ہے کہ اصول فقہ کی کتابوں میں اجماع کا اصول بتدریج علما کے لیے مخصوص ہو گیا۔ اقبال اجتہاد اور اجماع کو اداراتی طور پر یکجا کرنے اور اجتہاد کو ایک جدید جمہوری ادارے میں تبدیل کرنے کی تجویز دے کر اس ابہام کو دور کرتے ہیں۔ اسی طرح اللہ کی حاکمیت کے مبہم اور غیر واضح تصور کی وضاحت کرتے ہوئے اقبال نے بتایا کہ امت مجموعی طور پر اور کسی بھی ملک میں عوام خاص طور اللہ کے خلیفہ ہیں۔ جمہوریت در اصل اس خلافت کی ذمہ داری کو فرد کی ذات سے لے کر عوام کے منتخب نمائندوں کو سونپتی ہے۔ دوسرے لفظوں میں اقبال کے ہاں علما یا چرچ کی بجائے ریاست کو اقتدار منتقل کرنے کا نام سیکولرزم ہے۔

سید ابوالاعلی مودودی (۱۹۷۹-۱۹۳۹ء)

مولانا مودودی کے مطابق 'اسلام ٹھوس اصولوں پر مبنی نظام کا نام ہے'۔ اسلامی آئیڈیالوجی کا بنیادی اصول اللہ کی حاکمیت ہے جس کا مطلب یہ ہے کہ قانون سازی کا اختیار انسانوں کے پاس نہیں۔ وہ اس میں ترمیم نہیں کر سکتے۔ چنانچہ مولانا مودودی کی نظر میں سیکولرزم لادینیت ہے۔ وہ صرف ایسی جمہوریت کے قائل ہیں جو حکومت الٰہیہ کے اصول کو تسلیم کرے۔ تھیوکریسی سے ممیز کرتے ہوئے وہ اسے الٰہی جمہوریت کا نام دیتے ہیں۔ اسلامی ریاست لادینی جمہوریت نہیں ہوسکتی، کیوں کہ حاکمیت عوام کی نہیں ہوسکتی۔ وہ مغربی جمہوریت کو حقیقی جمہوریت نہیں مانتے تھے۔ اس جمہوری نظام کی علامت انتخابات کا عمل ہے جس میں کوئی بھی جماعت دولت اور پروپیگنڈے کے زور پر جیت کر اقتدار میں آجاتی ہے۔ اپنے ذاتی اور طبقاتی مفادات کی حفاظت کے لیے قانون

بناتی ہے۔ اسلام عوام کو قانون سازی کی کھلی اجازت نہیں دیتا۔ شریعت کے احکام مقرر ہیں۔ سزاؤں کے لیے حدود اللہ کے احکام ہیں، معاشی زندگی کے لیے زکوٰۃ اور ربا اور معاشرت کے لیے حجاب کے احکام ہیں۔ خواتین کے لیے ان کے مقام کے لحاظ سے حقوق و فرائض ہیں، مرد کی بالادستی، نکاح، طلاق اور تعدد ازواج کی مشروط اجازت اور دیگر اوامر و نواہی کی صورت میں اسلام نے مکمل قانون دیا ہے جو وحی پر مبنی ہے ان میں کوئی تبدیلی نہیں ہوسکتی۔ وہ دین اور ریاست کو ہم معنی قرار دیتے ہیں۔

قرآن لفظ 'دین' کو ایک جامع اصطلاح کی حیثیت سے استعمال کرتا ہے اور اس سے ایک ایسا نظامِ زندگی مراد لیتا ہے جس میں انسان کسی کا اقتدار اعلیٰ تسلیم کر کے اس کی اطاعت و فرمانبرداری قبول کر لے، اس کے حدود و ضوابط اور قوانین کے تحت زندگی بسر کرے۔ غالباً دنیا کی کسی زبان میں کوئی اصطلاح ایسی جامع نہیں ہے جو اس پورے نظام پر حاوی ہو۔ موجودہ زمانہ کا لفظ 'اسٹیٹ' کسی حد تک اس کے قریب پہنچ گیا ہے لیکن ابھی اس کو 'دین' کے پورے معنوی حدود پر حاوی ہونے کے لیے مزید وسعت درکار ہے (مودودی، ۲۰۰۰ء: ۱۳۲)۔

مولانا کے مطابق حسبِ ذیل آیات میں دین اسی اصطلاح کی حیثیت سے استعمال ہوا ہے:

> اہل کتاب میں سے جو لوگ نہ اللہ کو مانتے ہیں (یعنی اس کو واحد مقتدر اعلیٰ تسلیم نہیں کرتے) نہ یوم آخرت (یعنی یوم الحساب والجزا) کو مانتے ہیں، نہ ان چیزوں کو حرام مانتے ہیں جنھیں اللہ اور اس کے رسول نے حرام قرار دیا ہے اور دین حق کو اپنا دین نہیں بناتے، ان سے جنگ کرو یہاں تک کہ وہ ہاتھ سے جزیہ ادا کریں اور چھوٹے بن کر رہیں۔ (توبہ: ۹۲)

اس آیت میں دین کے چاروں مفاہیم (اللہ مقتدر اعلیٰ، آخرت، حرام، دین) کا ذکر ہے۔ قرآن میں قصہ فرعون و موسیٰ کی جتنی تفصیلات آئی ہیں، ان کو نظر میں رکھنے کے بعد اس امر میں کوئی شبہ نہیں رہتا کہ قرآن میں دین مجرد 'مذہب' کے معنی میں نہیں آیا ہے بلکہ ریاست اور نظام تمدن کے معنی میں آیا ہے۔ فرعون کا کہنا یہ تھا کہ اگر موسیٰ اپنے مشن میں کامیاب ہو گئے تو اسٹیٹ بدل جائے گی۔

مختصر یہ کہ مولانا مودودی کے مطابق سیکولرزم ایک متوازی آئیڈیالوجی ہے جو اسلام میں بنیادی تبدیلیوں کا تقاضا کرتی ہے۔ اسی بنیاد پر ان کے نزدیک اسلام اور سیکولرزم ایک دوسرے کی ضد ہیں۔ اسلام دین ہے اور سیکولرزم لادینیت۔

فضل الرحمان (۱۹۱۹-۱۹۸۸ء)

فضل الرحمان بھی سیکولرزم کی یورپی اور مسلم تفہیم میں فرق پر زور دیتے تھے، تاہم وہ اس کا رشتہ یورپ کی ریفارمیشن کی اصلاح مذہب کی تحریک سے جوڑتے ہیں۔ یورپی مفکرین یہ سمجھ نہیں پاتے کہ مذہبی معاملات میں اصلاح کا لازمی مطلب سیکولرزم نہیں ہوتا۔ اس لحاظ سے یورپی اور بعض مسلمانوں کی اس تفہیم میں کوئی فرق نہیں جو مذہب میں اصلاح کی ہر تجویز کو سیکولرزم سے جوڑتے ہیں۔ فضل الرحمان لکھتے ہیں کہ ''مغرب میں یہ غلط فہمی عام

ہے کہ احکامِ شریعت میں کسی بھی تبدیلی کا مطلب سیکولرزم ہے۔ قدامت پسند مسلمان بھی عام طور پر ایسا ہی سوچتے ہیں (فضل الرحمن: ۱۹۷۰، ۳۳۱)۔ فضل الرحمان لکھتے ہیں کہ بہت سے جدیدیت پسند اور اعتذاری مصنفین بھی یہی سمجھتے ہیں کہ سیکولرزم جدیدیت کا اصول ہے۔ امیر علی کی کتاب 'روح اسلام' اور اس طرح کا اعتذاری ادب اسی لیے مقبول ہوا کہ وہ مسلمانوں کو یہ بتا کر خود اعتمادی پیدا کر رہا تھا کہ مسلمانوں نے انھی اصولوں پر عمل کرتے ہوئے یورپ سے پہلے ترقی کی اور جدیدیت کے لیے جواز مہیا کیا۔ تاہم اس استدلال کی اعتذاری نوعیت نے ماضی کی ترقی کو کافی سمجھا اور جدیدیت کا کام آگے بڑھانے کی ضرورت نہ سمجھی۔ (فضل الرحمان: ۱۹۶۹ء، ۲۵۲)۔

فضل الرحمان برصغیر میں اعتذاری جدیدیت کے بہت بڑے ناقد تھے۔ وہ سرسید کی جدیدیت کو عقلی اور دانشورانہ تحریک قرار دیتے تھے لیکن یہ سرسید کے ساتھ ہی ختم ہوگئی۔ سرسید کے بعد جدیدیت دو مرحلوں سے گزری۔ ایک اعتذاری جس میں امیر علی اور دوسرے مصنفین کا استدلال تھا کہ نہ صرف اسلام اور جدیدیت میں کوئی تضاد نہیں بلکہ تاریخی طور پر اسلام انسانی تاریخ کا دور جدید ہے۔ جدیدیت کا دوسرا دور علامہ اقبال سے شروع ہوتا ہے جو سیاسی جدیدیت کا مرحلہ ہے۔ اس دور میں جدیدیت پسند مسلمانوں کا دعویٰ تھا کہ اسلام مسلم ریاست کا تقاضا کرتا ہے اور اسلامی قانون، جمہوریت اور قانونی اصلاحات کی تائید کرتا ہے۔ اس مرحلے پر اصلاحات کے ساتھ ساتھ اسلام میں بطور مذہب وسعت کی بات بھی ہوئی۔ فضل الرحمان کے مطابق اس دور میں ماڈرنزم کے اندر کے تضادات جو سرسید کے زمانے سے چلے آرہے تھے، ابھر کر سامنے آئے۔ اس تضاد کا ایک شاخسانہ تو یہ استدلال تھا کہ سائنسی علوم کی برتری کی تعریف مغرب سے سیاسی وفاداری کا تقاضا کرتی ہے۔ اقبالی دور میں مغرب کے خلاف سیاسی جدوجہد اور سماجی اور اخلاقی سطح پر مغرب کی مذمت تو اختیار کی گئی، تاہم سائنسی علوم میں ان کی برتری کا اعتراف جاری رہا۔ مغرب کے بارے میں یہ تذبذب اسلامی جدیدیت کی راہ میں بڑی رکاوٹ بن گئی۔ مذمت اور مداحی ساتھ ساتھ نہیں چل سکتے۔

فضل الرحمان کا کہنا تھا کہ تجربے سے پتہ چلتا ہے کہ عقل اور سائنس سے محبت اس وقت تک آگے بڑھنے میں مدد نہیں دے سکتی جب تک زندگی پر مذہب کی گرفت شدید ہو۔ یہ بات خاص طور پر قابل توجہ ہے، کیوں کہ اسلام میں مذہب کی کوئی حد بندی نہیں اور پوری زندگی پر مذہب غالب ہے۔ غیر مذہبی خیالات کو الگ رکھنے کی وجہ سے نئے خیالات کو قبولیت نہیں ملتی۔ تاریخ اسلام میں سائنسی علوم اس لیے ترقی نہ کر سکے کہ ان کا اسلام کی عمومی تشکیل سے کوئی رابطہ نہیں تھا۔ اس ثقافتی ماحول میں نئے خیالات جگہ نہیں بنا سکتے۔ اسلامی جدیدیت نے بھی اسلام کی ہمہ گیری پر زور دیا۔ اس لیے یہاں بھی نئے خیالات کی جگہ نہ بن سکی (فضل الرحمان، ۱۹۶۹ء، ۲۵۳)۔ وہ اس نتیجے پر پہنچتے ہیں کہ "اس بات کا تو کوئی امکان نہیں کہ مسلمانوں پر اسلام کی گرفت کبھی کمزور ہو، کیوں کہ عام مسلمان تو شدید مذہبی رجحان رکھتا ہی ہے، حالیہ دہائیوں میں مسلم جدیدیت پسند بھی اسی عوامی رجحان کے اسیر ہوگئے ہیں۔" (فضل الرحمان ۱۹۶۹ء، ۲۵۳)۔

اسلامی جدیدیت پسندوں نے یوں سیکولرزم کا دروازہ تو بند کر دیا لیکن علما نے اسلامی جدیدیت پسندوں کی

اس بات سے کبھی اتفاق نہیں کیا کہ اسلام مکمل ضابطۂ حیات ہے، تاکہ اسلامی جدیدیت پسند اسلام کو ایک آئیڈیالوجی کا رنگ دے سکیں۔ اس بحث میں فضل الرحمان اس نتیجے پر پہنچتے ہیں کہ یہ علما کا رویہ ہے جو مسلم دنیا میں سیکولرزم کا دروازہ کھولے گا۔ علما کا یہ اصرار کہ روایتی عقائد جدید اثرات سے محفوظ ہیں اور رہیں گے، سیکولرزم کی راہ بنا رہا ہے۔ یہ بات عجیب لگتی ہے لیکن یہ ایسے علما کے بارے میں ہے جو فقہ اسلامی کو غیر متبدل سمجھتے ہیں۔ لیکن یہ تو وہی رویہ ہے جو اسلام کو مکمل ضابطۂ حیات بتاتا ہے۔ فضل الرحمان کے تجزیے میں جدیدیت پسندوں کی تشخیص واضح نہیں۔ وہ مغربیت سے مرعوب جدیدیت پسندوں کو جو مغربی جدیدیت کو ہی حقیقی جدیدیت سمجھتے ہیں، اعتذاری جدیدیت پسندوں، اور سیاسی اسلام پسندوں اور اسلامی جدیدیت پسندوں میں فرق نہیں کرتے۔

ڈاکٹر فاروق (۱۹۵۶۔۲۰۱۰ء)

مرحوم ڈاکٹر فاروق، وائس چانسلر، یونیورسٹی آف سوات کے مطابق دنیا میں سیکولرزم کی تین بڑی تعبیریں ہیں۔

(۱) امریکہ اور برطانیہ کا سیکولرزم (۲) فرانس کا سیکولرزم اور (۳) بھارتی سیکولرزم۔ پہلی دو تعبیروں پر بات ہو چکی۔ ڈاکٹر فاروق کی نظر میں پہلی دو مغربی تعبیروں اور اسلامی تعلیمات کے درمیان بہت فرق ہے۔ مثلاً اسلامی تعلیمات کے مطابق اقامت صلاۃ اور ایتائے زکوۃ حکمرانوں کی ذمہ داری ہے۔ اسی طرح یہ بھی حکومت کا کام ہے کہ وہ بدکرداری، سود، جوئے اور شراب نوشی کو جرم قرار دے۔ ان دونوں تعبیروں میں یہ کام کسی سیکولر حکومت کے دائرہ اختیار میں نہیں آتے۔

بھارتی سیکولرزم ان دونوں سے مختلف ہے۔ اس میں اکثریت کی دل آزاری روکنے کی خاطر ایسے قوانین بھی نافذ کیے گئے ہیں جو اپنی بنیاد کے اعتبار سے مذہبی ہیں۔ مثلاً بھارت میں گائے ذبح کرنے پر پابندی ہے اور اس کے لیے یہ جواز پیش کیا جاتا ہے کہ گائے ذبح کرنے سے عوام کے ایک بڑے طبقے کی دل آزاری ہوتی ہے۔ گویا یہ سیکولرزم کی ایک ایسی قسم ہے جس میں اکثریت کے مذہبی مفادات کا اس طریقے سے خیال رکھنے کی کوشش کی جاتی ہے جس سے اقلیتوں کو کوئی بڑا نقصان نہ پہنچے۔ گویا اسے 'مطابق مذہب سیکولرزم' کہا جا سکتا ہے۔ تیسری تعبیر کا موازنہ اسلامی تعلیمات سے کیا جائے تو اسلامی تعبیر زیادہ سیکولر دکھائی دیتی ہے۔ مثلاً مسلمانوں کو ریاست میں رہنے والے غیر مسلموں پر اپنے مذہبی قوانین نافذ کرنے کی اجازت نہیں۔ مسلمان غیر مسلموں کو شراب نوشی سے منع نہیں کر سکتے۔ اسلامی فوجداری قوانین غیر مسلموں پر نافذ نہیں کیے جا سکتے۔ اسلامی تعلیمات کے تحت غیر مسلم چاہیں تو اپنے پرسنل لا کے معاملات حل کرنے کے لیے اپنی عدالتیں بھی تشکیل دے سکتے ہیں۔ گویا 'اسلام غیر مسلموں کے لیے ایک سیکولر مذہب ہے'۔ اس فقرے کا مطلب یہ ہوگا کہ اسلام کسی مسلمان ریاست کے اندر بھی غیر مسلموں پر اپنے احکام مسلط نہیں کرتا اور وہ مذہب کے نام پر کسی کا استحصال کرنے کی اجازت نہیں دیتا۔

تجزیہ

مسلم مفکرین کے ہاں سیکولرزم پر بحث ایک مسلسل عمل ہے، اس کا کما حقہٗ تجزیہ ممکن نہیں۔ تاہم اس مضمون میں سیکولرزم کی جن مختلف تعبیروں کا ذکر ہوا، ان کے تجزیے سے چند نکات سامنے آتے ہیں جن پر مزید گفتگو کی ضرورت ہے۔

ا۔ یہ سیکولرزم کی مختلف تعبیریں جو اسلام کے نقطہ نظر سے کی گئی ہیں، ان میں سیکولرزم اور اسلام دونوں کی تفہیم میں اختلاف سے یہ مختلف مؤقف سامنے آئے ہیں، ان کو حتمی قرار نہیں دیا جاسکتا۔

۲۔ یہ تعبیریں دین اور مذہب کے مختلف تصورات پر مبنی ہیں، جن میں روحانی اور مادی کی تفریق یا عدم تفریق نظری لحاظ سے بے حد اہم ہے لیکن روزمرہ زندگی میں اس میں شدید فرق موجود ہے، اور اس سے دین اور سیکولرزم دونوں کی تفہیم مشکل ہو جاتی ہے۔ مسلم مفکرین عام طور پر عوام اور روزمرہ زندگی کی تفہیم کو غیر مستند اور غیر اہم سمجھ کر نظر انداز کرتے ہیں۔ اس کی وجہ سے ان معاملات کی تفہیم نظری رہتی ہے۔ تاریخی طور پر تفہیم کی اسی تفریق سے یہ مسائل جنم لیتے ہیں۔ یہ مسائل نہ نئے ہیں نہ مغرب کے اثرات۔ اپنے طرز تحقیق اور مطالعہ میں ان کو نظر انداز کرنے سے ہم ان کی اہمیت نہیں سمجھ پائے۔ اب جب معاشرے کی تفہیم اور ہماری تفہیم میں فاصلے بہت بڑھ گئے ہیں تو ان مسائل پر بات شروع ہوئی ہے۔

۳۔ دیکھا جائے تو سیکولرزم کی اسلامی تعبیروں کا محور آئیڈیالوجی اور اقتدار ہے۔ دونوں کا مسئلہ یہ ہے کہ یہ قبض و بسط یعنی سکڑنے اور پھیلنے کے اصول کو نظر انداز کرتے ہیں۔ دونوں کلی، ہمہ گیر اور مکمل احاطے کے دعویدار ہیں۔ اقتدار مذہب کا ہو یا ریاست کا، دونوں حد بندی کے قائل نہیں۔ اس مضمون میں کئی مفکرین نے حد بندی، توازن اور نظام کی بات کی ہے۔ اسلام کی تاریخ سے بھی اس کی مثالیں دی ہیں۔ اقتدار کے بے کراں ہونے کا تصور غالباً خدائی اقتدار کے مذہبی تصور سے جدید ریاست کے تصور میں منتقل ہوا ہے۔

۴۔ حد بندی کے اعتبار سے اسلامی روایت میں سنت اور بدعت، شریعت اور سیاست، حد اور تعزیر، تشبہ بالکفار اور اسی طرح کے دوسرے مسائل پر فتاویٰ قابل مطالعہ ہیں، جہاں ان میں فرق اور حد بندی کو ضروری سمجھا گیا ہے۔

۵۔ مذہبی اقتدار کا مسئلہ بھی قابل غور ہے۔ ان تعبیروں میں دو حوالے مزید غور کی دعوت دیتے ہیں۔ ایک تو مذہبی اور سیاسی اقتدار کو الگ الگ اداروں میں تقسیم کرنے کی بجائے دونوں کو ریاست کے اقتدار کا حصہ بنایا جائے۔ مذہب اور سیاست میں حد بندی ہو لیکن مذہبی اقتدار کو وسیع تر اجماع سے مربوط کر کے عوام کو اس میں شامل کیا جائے۔

۶۔ پاکستان میں مذہب اور ریاست کے حوالے سے دو اہم سوالات تھے۔ اقتدار کا منبع اور قانون سازی کا اختیار۔ مذہبی جماعتیں اللہ کی حاکمیت اور شریعت کے نفاذ کا مطالبہ کر رہی تھیں۔ دوسری جماعتیں اس بات کی قائل تھیں کہ اقتدار کا منبع عوام ہیں اور قانون سازی کا اختیار پارلیمنٹ کو حاصل ہے۔ قرارداد مقاصد ۱۹۴۹ء میں

ان دونوں اصولوں کو اس طرح جمع کیا گیا کہ جمہور کا اختیار اللہ کی حاکمیت کا امین ہو اور مجلس دستور ساز جمہور کی نمائندہ ہو۔

> اللہ تعالیٰ ہی کل کائنات کا بلا شرکت غیرے حاکم مطلق ہے۔اس نے جمہور کے ذریعے مملکتِ پاکستان کو جو اختیار سونپا ہے، وہ اس کی مقررہ حدود کے اندر مقدس امانت کے طور پر استعمال کیا جائے گا۔مجلس دستور ساز نے، جو جمہور پاکستان کی نمائندہ ہے، آزاد و خود مختار پاکستان کے لیے ایک دستور مرتب کرنے کا فیصلہ کیا ہے۔جس کی رو سے مملکت اپنے اختیارات و اقتدار کو جمہور کے منتخب نمائندوں کے ذریعے استعمال کرے گی۔

مصادر اور ماخذ

(۱) نیازی برکس، ۱۹۹۸ء، ڈیویلپمنٹ آف سیکولرزم ان ٹرکی، لندن، ہرسٹ [۱۹۶۴ء]

(۲) اولیویر روئے، ۲۰۰۷ء، سیکولرزم کنفرنٹس اسلام، نیو یارک: کولمبیا یونیورسٹی پریس۔

(۳) سید نقیب العطاس، ۱۹۹۳ء، اسلام اینڈ سیکولرزم، کوالا لمپور، انٹرنیشنل انسٹی ٹیوٹ آف اسلامک تھاٹ اینڈ سویلیزیشن [۱۹۷۸ء]

(۴) طارق بشریٰ، ۱۹۹۶ء، الحوار الاسلامی العلمانی، قاہرہ، مکتبہ الشروق۔

(۵) جان ایل ایسپوسیٹو، ۲۰۰۱ء، میکرز آف کنٹمپریری اسلام، آکسفرڈ: آکسفرڈ یونیورسٹی پریس۔

(۶) کلیفر ڈ گیرٹز، ۱۹۹۶ء، آئیڈیالوجی ایز اے کلچرل سسٹم (ویب سائٹ: ایکس روڈز۔ ورجینیا۔ایڈی یو)

(۷) راشد غنوشی، ۱۹۹۹ء۔ 'مغرب میں سیکولرزم' مشمولہ عزام تمیمی، ایسپوسیٹو، اسلام اینڈ سیکولرزم ان دی مڈل ایسٹ، نیو یارک، نیو یارک یونیورسٹی پریس۔

(۸) جے گولڈ، ۱۹۶۵ء، 'آئیڈیالوجی'، اے ڈکشنری آف سوشل سائنسز، نیو یارک، فری پریس۔

(۹) البرٹ حورانی، ۱۹۹۱ء، اے ہسٹری آف عرب پیپل، لندن: فیبر اینڈ فیبر۔

(۱۰) محمد اقبال ۱۹۸۶ء، ری کنسٹرکشن آف ریلیجس تھاٹ ان اسلام، لاہور، انسٹی ٹیوٹ آف اسلامک کلچر [۱۹۳۲ء]

(۱۱) محمد اقبال، ۱۹۷۶ء، اسلام اینڈ احمدزم، لاہور: شیخ محمد اشرف۔

(۱۲) تارک جان ۲۰۰۳ء، پاکستان بیٹوین سیکولرزم اینڈ اسلام، آئیڈیالوجی، ایشوز اینڈ کنفلکٹ، اسلام آباد: انسٹی ٹیوٹ آف پالیسی

سٹڈیز
(۱۳) سید ابوالاعلیٰ مودودی، ۱۹۶۴ء، اسلام کا نظریہ سیاسی، لاہور: اسلامک پبلی کیشنز[۱۹۳۹ء]
(۱۴) سید ابو الاعلی مودودی، ۲۰۰۰ء، قرآن کی چار بنیادی اصطلاحیں، لاہور: اسلامک پبلی کیشنز۔
(۱۵) زکی میلاد، ۱۹۹۱، الفکر الاسلامی، قرأت و مراجعات، لندن: موسسہ الانتشار العربی۔
(۱۶) شریف المجاہد، ۲۰۰۱ء، آئیڈیالوجی آف پاکستان، اسلام آباد: اسلامک ریسرچ انسٹی ٹیوٹ
(۱۷) شیخ یوسف القرضاوی، ۱۹۹۷ء، اسلام اور سیکولرزم، اردو ترجمہ، اسلام آباد: انٹرنیشنل انسٹی ٹیوٹ آف اسلامک تھاٹ۔
(۱۸) فضل الرحمان، ۱۹۶۹ء۔ دی امپیکٹ آف ماڈرنٹی آن اسلام، مشمولہ ایڈورڈ جے جرجی (مرتب)، ریلیجس پلورلزم اینڈ ورلڈ کمیونٹی، انٹرفیتھ اینڈ انٹرکلچرل کمیونیکیشنز، لائیڈن: برل۔
(۱۹) فضل الرحمان، ۱۹۷۰ء، اسلامک ماڈرنزم، اٹس سکوپ، میتھڈ اینڈ آلٹرنیٹوز، انٹرنیشنل جرنل آف مڈل ایسٹرن سٹڈیز، جلد اول، ص ۳۱۷۔ ۳۳۳
(۲۰) چارلس ڈی اسمتھ، ۱۹۹۵ء، سیکولرزم، آکسفرڈ انسائیکلوپیڈیا آف دی ماڈرن اسلامک ورلڈ، نیویارک: آکسفرڈ یونیورسٹی پریس۔

[بشکریہ ’تجزیات آن لائن‘، ۱۴ اکتوبر ۲۰۱۷ء]

اسلام اور جدیدیت

مبارک علی

مسلمان معاشرہ میں جب کبھی جدیدیت کی بات ہوتی ہے تو اس سے ہمیشہ یہ مراد لی جاتی ہے کہ معاشرہ میں مغربی روایات یا یورپی نظام کو رائج کیا جا چکا ہے۔ لہٰذا اس کے نتیجہ میں فوری ردعمل یہ ہوتا ہے کہ معاشرہ کو یورپی بنانے کا عمل نہ صرف ہماری روایات کے خلاف ہے بلکہ یہ ہماری شناخت کو ختم کرنے کی ایک سازش ہے۔ لہٰذا اس عمل کا مقابلہ کرنے کے لیے مقامی روایات اور اداروں کے احیا کی کوششیں شروع ہو جاتی ہیں۔

یورپی یا جدیدیت کے اس عمل سے مسلمان معاشرے اس لیے بھی شک وشبہ میں مبتلا ہوتے ہیں، کیوں ایک طویل عرصہ تک یورپی ممالک نے انھیں اپنی نوآبادیاں بنائے رکھا تھا اور اس عرصہ میں یورپی روایات کو روشناس کراتے ہوئے انھوں نے مقامی کلچر پر کاری ضربیں لگائی تھیں، اس لیے ان ملکوں میں ڈر یہ ہوتا ہے کہ جدیدیت کے اس عمل میں یورپ اب ایک نئے طریقے سے انھیں دوبارہ سے اپنی نوآبادیات بنانا چاہتا ہے۔

اس کے علاوہ جدیدیت صرف سائنس اور ٹیکنالوجی ہی میں نہیں ہے بلکہ اس کے ساتھ نئے سماجی اور اخلاقی روایات اور رویے بھی آ رہے ہیں جو ہماری ثقافت سے اس قدر مختلف ہیں کہ ان کے خلاف ایک زبردست ردعمل نہ صرف مذہبی حلقوں میں ہے بلکہ قدامت پرست بھی ان کو اپنے کلچر کے لیے نقصان دہ سمجھتے ہیں اور کسی بھی قسم کی تبدیلی کے سخت مخالف ہیں۔

اس صورت حال میں مسلمان ملکوں میں جدیدیت کے خلاف یا اس کی حمایت میں تین رجحانات ہیں؛ (ا) جدیدیت کے اس عمل کو بالکل روک دیا جائے اور اس کی بجائے اپنی مقامی روایات کا احیا کر کے دوبارہ سے ماضی کی شان وشوکت حاصل کی جائے، (۲) جدید روایات کو اسلامی روایات سے ہم آہنگ کر کے انھیں مسلمان بنایا جائے اور پھر انھیں اختیار کیا جائے تو اس پر اعتراض کی گنجائش نہیں ہوگی، (۳) مذہب کو بالکل سیاست سے جدا کر دیا جائے کیوں کہ یہ جدیدیت اور ترقی کے راستہ میں ایک رکاوٹ ہے، اس کے بعد مغربی روایات کو اختیار

کر کے معاشرے کے سیاسی و معاشی نظام کو اس خطوط پر ہموار کیا جائے۔

بہت سے مسلمان ملکوں میں نو آبادیات کے خاتمہ کے بعد اس بات کی کوشش ہوئی تھی کہ مغربی اور مقامی اداروں کو ملا کر ایک جدید نظام تشکیل دیا جائے، اس لیے خاص طور سے اسلام کا ایک ترقی پسند نقطۂ نظر پیش کیا گیا جس نے جمہوریت، سوشل ازم، قوم پرستی اور سرمایہ داری کو اسلامی فریم ورک میں ڈھال کر اسے قابل قبول بنانے کی کوشش کی، لیکن ہوا یہ کہ یہ تمام اصلاحات آمرانہ، فوجی اور مطلق العنان حکومتوں کے ذریعہ نافذ کی گئیں اور انھوں نے ان کے ذریعہ اپنے اقتدار اور اختیارات کو وسیع کرنا چاہا جس کا نتیجہ یہ ہوا کہ یہ اصلاحات لوگوں کی سماجی حیثیت کو نہ تو بڑھا سکیں اور نہ ان کے معاشی مسائل کو حل کر سکیں۔ لہٰذا لوگوں نے اوپر سے نافذ کی ہوئی ان اصلاحات کو رد کر دیا۔ اس ناکامی کا نتیجہ یہ ہوا کہ لوگوں میں یہ احساس ہو گیا کہ جدیدیت صرف حکمران طبقوں کو فائدہ پہنچاتی ہے اور اس سے عام لوگوں کو کوئی فائدہ نہیں ہوتا ہے۔ اس لیے ان میں مغرب کے خلاف جذبات اور جدیدیت کے خلاف ایسا ردعمل ہوا کہ اس کے متبادل نظام کے لیے انھوں نے احیا کی تحریکوں کا ساتھ دینا شروع کیا۔

جدیدیت کے عمل کو ہم دو حصوں میں تقسیم کرتے ہیں؛ (۱) سائنس اور ٹیکنالوجی کا عمل، (۲) سیاسی و سماجی اور معاشی خیالات و نظریات۔ اس سلسلہ میں اہم اور خاص بات یہ ہے کہ سائنس اور ٹیکنالوجی کے بارے میں ابتدا میں جو رویے تھے، وہ تبدیل ہو گئے ہیں اور اس کی مخالفت کی جگہ اب اس کو اختیار کرنے میں کوئی رکاوٹ نہیں رہی ہے۔ ایک زمانہ تھا کہ ہر جدید ٹیکنالوجی اور ایجاد کی مخالفت کی جاتی تھی اور اسے اسلام کے خلاف سمجھا جاتا تھا، جیسے کیمرہ، ریڈیو، لاؤڈ اسپیکر، بجلی، ٹائپ رائٹر اور مختلف دواؤں کا استعمال، لیکن آہستہ آہستہ ان ایجادات کو اس لیے قبول کر لیا گیا کیوں کہ انھوں نے معاشرہ کو سہولتیں پہنچائیں۔ یہی وجہ ہے کہ اب جو نئی ایجادات آ رہی ہیں جن میں کیسٹ، ویڈیو، ٹی وی، وی سی آر اور ایئر کنڈیشن شامل ہیں، ان کی کوئی مخالفت نہیں ہے، اس لیے کہ ان سے سب کو آرام ہے۔ اب ان کے استعمال پر کوئی مذہبی فتوے نہیں لگتے ہیں۔ اس لیے جہاں تک سائنس اور ٹیکنالوجی کے جدید عمل کا تعلق ہے، اسے مسلمان معاشرے میں تسلیم کر لیا گیا ہے۔ یہاں تک کہ سعودی عربیہ جیسا قدامت پرست ملک اب نئی ٹیکنالوجی کو جدیدیت کے نام پر حاصل کر رہا ہے اور یہی کام شاہ ایران نے اپنے زمانہ میں کیا تھا، مگر سعودی عرب کی طرح اس نے بھی اپنے معاشرے کے سیاسی و سماجی حالات کو بدلنے پر صرف ٹیکنالوجی کے ذریعہ جدیدیت کو اختیار کیا تھا۔ ان دونوں ملکوں میں اس کی وجہ سے معاشرہ پر تباہ کن اثرات ہوئے۔ ایران میں تو شاہ کی حکومت کا خاتمہ ہوا اور اس کی جگہ بنیاد پرستی نے لے لی، سعودی عربیہ اس تبدیلی کے عمل سے تو نہیں گزرا، مگر اس کا معاشرہ ٹیکنالوجی کے دور میں ایک ایسا معاشرہ ہے جہاں نہ کوئی کلچر ہے اور نہ زندگی کی رنگینی۔

وہ مسلمان دانشور جو جدیدیت کے عمل کی مخالفت کرتے ہیں، ان کے لیے مسئلہ یہ ہے کہ اگر وہ اس کو رد کرتے ہیں تو انھیں اس کا کوئی متبادل نظام تجویز کرنا ہوگا۔ اس لیے اکثر وہ اس کا آسان حل یہ ڈھونڈتے ہیں کہ سیاسی، سماجی اور معاشی اداروں کو اسلام کے مطابق بناتے ہیں، جیسے پارلیمنٹ کے لیے شوریٰ یا رائے کو اجماع اور صدر حکومت کو خلیفہ یا امیر بنا کر وہ ان کی اسلامی شکل بنا دیتے ہیں۔ کبھی کبھی وہ ان اصطلاحات کے آگے اسلامی کا

لفظ لگا کر اسے اپنا لیتے ہیں، جیسے اسلامی معیشت، اسلامی نفسیات اور اسلامی سوشل ازم لیکن اب تک انھوں نے ایسا کوئی جامع نظام تشکیل نہیں دیا ہے جو معاشرے کی سیاسی، معاشی اور سماجی ضروریات کو پورا کرے اور موجودہ دور کے تقاضوں سے عہدہ برآ ہو سکے۔

جہاں ایک طرف مسلمان معاشرہ نے جدیدیت کو اختیار کرنے کی مخالفت کی ہے، وہاں یورپی دانشوروں کے رویہ کی وجہ سے بھی اس عمل کو نقصان پہنچ رہا ہے۔ باسم طبی نے اپنی کتاب 'جدید اسلام کا بحران' (۱۹۸۸ء) میں یورپی دانشوروں پر تنقید کرتے ہوئے نشان دہی کی ہے کہ جو جدید قدروں اور روایات کو یورپی سمجھ کر ان پر اپنی اجارہ داری قائم کیے ہوئے ہیں اور جب دوسرے غیر یورپی ممالک جدیدیت کو اختیار کرتے ہیں تو یہ اسے مغربی تہذیب کی فتح قرار دیتے ہیں۔ اس لیے جب یہ کہا جائے کہ ہماری تہذیب سے اعلیٰ و ارفع ہے تو اس کے ردعمل میں مسلمان کہتے ہیں کہ ہم کیوں اس تہذیب کو اختیار کریں جب کہ ہم نے اس سے بہتر تہذیب تشکیل دی ہے؟ اس رویہ سے ان کی انا پر چوٹ لگتی ہے اور ان کا وقار مجروح ہوتا ہے۔

لہٰذا یہ سوالات پیدا ہوتے ہیں کہ ان حالات میں کیا کیا جائے؟ کیسے جدید تقاضوں کو پورا کیا جائے اور کس طرح سے پسماندگی کو دور کیا جائے؟ اور کس طرح سے مغربی دانشورانہ چیلنجوں سے نمٹا جائے؟ فواد عجمی نے اپنی کتاب "Arab Predicament" میں اس صورت حال پر لکھا ہے کہ دنیا کی قوموں میں اپنی پسماندگی کو دیکھتے ہوئے انھوں نے کبھی اس بات کی کوشش کی کہ مغرب سے کچھ سیکھا جائے اور اس کی طرح اسی ماڈل پر ترقی کی جائے، کبھی انھوں نے اس سے مایوس ہو کر اپنی دنیا میں پناہ لی تاکہ اپنی روایات، قدروں اور اداروں میں پناہ لے سکیں اور خود میں یہ اعتماد پیدا کر سکیں، جرأت کے ساتھ ان لوگوں سے بغاوت کر سکیں اور ان کی مزاحمت کر سکیں جو ان کے بارے میں فیصلے صادر کرتے ہیں۔ لیکن پُرکشش اور شاندار دنیا میں داخل ہونا بھی اس قدر مشکل ہے جس قدر اس سے باہر آنا۔ نتیجہ اس کا یہ ہے کہ پورا معاشرہ بے ترتیبی اور ٹوٹ پھوٹ کا شکار ہو گیا۔

اس لیے مسلمان ملکوں کے لیے اس وقت یہ مرحلہ ہے کہ خود کو اس ٹوٹ پھوٹ سے کیسے بچائیں؟ خاص طور سے اس صورت میں جب اسلام کو ایک سیاسی ہتھیار کے طور پر استعمال کیا جا رہا ہے۔ اس لیے مسلمان ملکوں کے دانشوروں کے لیے ضروری ہے کہ وہ روایات کو توڑیں جو معاشرے میں حقیقت بن کر پیوست ہوئی ہیں اور جس میں یہ سمجھا جا رہا ہے کہ ہمارا نظام مکمل اور ناقابل تسخیر ہے۔ لیکن جب تک تبدیلی کے عمل کو تسلیم نہیں کیا جائے گا، اس وقت تک ہم سائنس اور ٹیکنالوجی اور نئے سماجی و معاشی نظریات کو قبول نہیں کریں گے۔

اسلام کو سیکولر بنانا

اس وقت دنیا دو قسم کے ملکوں میں بٹی ہوئی ہے؛ ایک صنعتی اور دوسرے غیر صنعتی۔ اس لحاظ سے ان دونوں قسم کے ملکوں میں علیحدہ علیحدہ کلچر کا ارتقا ہوا ہے۔ یورپی ممالک صنعتی کلچر کی نمائندگی کرتی ہیں، اس کلچر کی وجہ سے ان کے معاشرے میں سیاسی، معاشی اور سماجی تبدیلیاں آئیں اور مذہب سیاست سے جدا ہو کر نجی زندگی میں محدود

ہو گیا۔ اس کی وجہ سے یہاں سیاست میں مذہب کا استعمال کم سے کم ہو گیا اور جمہوریت کی جڑیں انتہائی مضبوط ہو گئیں۔ اس کے مقابلے میں غیر صنعتی کلچر میں مذہب اور سیاست آپس میں باہم ملے ہوئے ہیں، جس کے نتیجہ میں یہاں سیاسی اتھارٹی کے لیے مذہب کے ذریعہ اپنے جائز ہونے کی ضرورت محسوس ہوتی ہے اور یہی گٹھ جوڑ ہے جو معاشرہ کو آزاد خیال ہونے سے روکتا ہے اور اس کے راستہ میں رکاوٹیں پیدا کرتا ہے۔

اسلامی دنیا کا تعلق اس غیر صنعتی کلچر سے ہے، اس لیے تمام اسلامی ملکوں میں حکومتیں اسلام کے ذریعہ اپنے جائز ہونے کا جواز نکالتی ہیں اور ہر سیاسی جماعت اقتدار میں آنے کے لیے مذہب کو استعمال میں لاکر لوگوں کے جذبات کو بھڑکا کر انھیں اپنے حق میں ہموار کرتی ہے۔ ان ملکوں میں ایسی کم مثالیں ہیں جب کسی فرد نے مذہب کو سیاست سے جدا کر کے اصلاحات کا نفاذ کیا۔ مثلاً ایران میں شاہ نے مذہب کے بغیر جدیدیت اور اصلاحات کا سلسلہ شروع کیا لیکن اس کی صنعتی اور جدیدیت کی پالیسی اس لیے ناکام ہو گئی کہ اس نے اس کے ساتھ لوگوں میں نئے خیالات کو پھیلنے سے روکا۔ دوسرے مذہبی جماعتوں اور علما نے اس کی مخالفت کی اور اس کی اصلاحات کو اسلام کے خلاف قرار دیا۔ اگر شاہ اپنی اصلاحات کو مذہب سے ملا کر شروع کرتا تو اس کی علما کی جانب سے اس شدت سے مخالفت نہیں ہوتی، جیسے کہ سعودی عربیہ میں شاہی خاندان کر رہا ہے، وہ اپنے اقتدار کو قائم رکھنے کے لیے مذہب کو پوری طرح استعمال کر رہے ہیں اور علما کو اس میں شریک کر رکھا ہے، اس لیے ان کے خلاف مذہبی جذبات نہیں ابھارے جا سکتے۔

صورت حال یہ ہے کہ اکثر مسلمان ملکوں میں جہاں محدود جمہوری حکومتیں ہیں یا آمرانہ طرز حکومت، ان سب ملکوں میں حکومتیں اپنے اقتدار کو قائم رکھنے کی غرض سے مذہبی جماعتوں کے مطالبات کو تسلیم کرتے ہوئے ان کو اپنی پالیسیوں میں شامل کر لیتی ہیں۔ اگر ان ملکوں میں سیاسی یا معاشی اصلاحات کا نفاذ بھی ہوتا ہے تو پہلے اسے اسلامی بنانے کے عمل سے گزارا جاتا ہے۔ مثلاً اسلامی ملکوں میں جمہوریت کا نظام اس وقت بدل جاتا ہے جب یہ کہا جاتا ہے کہ اقتدار اعلیٰ لوگوں کے پاس نہیں ہے بلکہ خدا کے پاس ہے۔ اس کی وجہ سے جو لوگ حکمران ہوتے ہیں، ان کے پاس لامحدود اختیارات آجاتے ہیں کہ وہ جس طرح چاہیں لوگوں کو دبا کر اور کچل کر رکھیں کیوں کہ اس نظام میں ان کی کوئی حیثیت نہیں ہوتی ہے۔

اس لیے مسلمان ملکوں کی پسماندگی اس وقت تک رہے گی، جب تک کہ وہ غیر صنعتی کلچر سے صنعتی کلچر کے دور میں داخل نہیں ہوں گے اور اس وقت تک اسلام کو بھی صنعتی مغربی ملکوں کی جانب سے خطرہ لاحق رہے گا۔ لہٰذا مسلمان ملکوں کے لیے دو صورتیں ہیں؛ یا تو صنعت و حرفت کو اختیار کر کے اپنے سیاسی و معاشی اور سماجی ڈھانچہ کو بدل ڈالیں اور یا اپنی قدیم روایات پر قائم رہتے ہوئے پسماندہ رہیں۔

باسم طبی جو ایک شامی، جرمن اسکالر ہے، اس نے اپنی کتاب 'جدید اسلام کا بحران' جو ۱۹۸۸ء میں شائع ہوئی ہے، اس میں دلائل دیے ہیں کہ اسلام کو سیکولر بنانے کی سخت ضرورت ہے۔ اس کی دلیل کے مطابق جدید زمانہ کا تعلق صنعتی دور سے ہے۔

یورپ اس وجہ سے ترقی کر سکا، کیوں کہ اس نے صنعتی انقلاب کو قبول کیا، حالاں کہ اس سے پہلے یورپ میں بھی مذہب کا اسی قدر اثر تھا۔ سیکولر یورپ میں عیسائیت، سیاست سے علیحدہ ہونے کے باوجود خود کو زندہ رکھ سکی۔ اس لیے طبی کی دلیل ہے کہ صنعتی انقلاب اور سائنس و ٹیکنالوجی انکشافات اور اس کے نتیجہ میں عقلیت کا جو غلبہ ہوا، اس کے باوجود عیسائیت ختم نہیں ہوئی لیکن اس عمل میں مذہب سیکولر ہو گیا اور اس کی حیثیت معاشرے میں ثانوی ہوگئی۔

طبی اس سے اتفاق کرتا ہے کہ مسلمان ملکوں کے لیے ضروری نہیں کہ اس عمل سے اسی طرح گزریں جیسا کہ یورپ، لیکن اس کا کہنا ہے کہ سائنس اور ٹیکنالوجی کی بنیاد پر پروان چڑھنے والا کلچر ایک زراعتی اور محدود سرمایہ دارانہ نظام میں پیدا نہیں ہوسکتا۔ اس لیے طبی کے استدلال کے مطابق، مسلمانوں کے لیے ضروری ہے کہ وہ اسلام کا ایک ایسا نظام تخلیق کریں جس میں مذہب کی اس جامع نظام میں ثانوی حیثیت ہو اور وہ اخلاقی دائرہ تک محدود رہے، جب کہ دوسرے شعبے اس سے آزاد ہوں۔ اسی صورت میں مسلمان ملکوں کے لیے ترقی ممکن ہے۔

عرب ممالک دوراہے پر

۱۷۹۸ء میں جب نپولین نے مصر پر حملہ کیا تو اس وقت عرب دنیا اور یورپ میں پہلا رابطہ ہوا، اگرچہ یہ رابطہ بہت کم وقت کے لیے تھا، لیکن نپولین کی فتح مصر اور اس کے ساتھ آنے والے دانشوروں نے اہل عرب کو یہ موقع فراہم کیا کہ وہ یورپی تہذیب اس کی کامیابی اور اس کے مقابلہ میں اپنی شکست اور پسماندگی پر غور کر سکیں۔ آگے چل کر جب یورپی ملکوں نے عرب ملکوں کو اپنی نو آبادیات بنالیا تو انھیں یورپی تہذیب کو سمجھنے کا اور زیادہ موقع ملا اور عرب سیاست دانوں اور دانشوروں نے اس مسئلہ پر سوچنا شروع کر دیا کہ وہ اپنی پسماندگی کو اسی وقت ختم کر سکتے ہیں جب وہ یورپی روایات اور نظام کو اختیار کریں۔

ایک مراکشی اسکالر عبداللہ لاذری نے جدید عرب معاشرے کے ارتقا کے چار ادوار مقرر کیے ہیں۔ پہلا دور ۱۸۵۰ء سے شروع ہو کر ۱۹۴۱ء تک جاتا ہے، اس زمانہ میں مغربی تہذیب اور اس کی روایات کو بڑے جذبہ کے ساتھ اختیار کیا گیا۔ دوسرے دور میں انھوں نے عثمانی خلافت اور اس کی مطلق العنانیت کے خلاف بغاوت کرتے ہوئے عرب قوم پرستی کو ابھارا اور جمہوری اقدار کو فروغ دینے کی کوششیں کیں۔ ۱۹۴۸ء میں تیسرے دور میں عربوں نے آپس میں اتحاد کی کوششیں کیں تاکہ اسرائیل کے قیام سے جو صورت حال پیدا ہوگئی تھی، اس کا مقابلہ کیا جائے اور ساتھ ہی نو آبادیاتی نظام کے خاتمہ نے جس نے نئے ملکوں کو جنم دیا اور جغرافیائی حدود کو بدلا، اس سے عہدہ برآ ہوا جائے۔ چوتھے دور میں اہم واقعہ ۱۹۶۷ء کی جنگ اور اس میں عربوں کی شکست ہے، اس نے پوری عرب دنیا کو بے بس اور مایوسی کی حالت میں تبدیل کر دیا۔ اس شکست کے دو نتائج برآمد ہوئے؛ اس نے عرب دنیا میں بے چارگی کے احساسات کو پیدا کیا مگر اس کے ساتھ ہی عرب معاشرہ میں تنقید اور تجزیہ کا عمل بھی شروع ہوا۔ فواد عجمی نے اپنی کتاب "The Arab Predicament" جو ۱۹۹۲ء میں کیمرج سے شائع

ہوئی ہے، اس میں ۱۹۶۷ء کی جنگ کے اثرات اور نتائج سے بحث کی ہے۔ جنگ کی وجہ سے عرب دنیا میں قوم پرستی، سیکولرزم اور روشن خیالی کو سخت دھچکا لگا۔ اس ناکامی کے بعد سیکولر سیاسی رہنماؤں نے اپنا موقف بدل لیا اور اس کی جگہ انھوں نے بنیاد پرستی کو اختیار کرلیا تاکہ اس کے ذریعے وہ اپنے اقتدار کو بچا سکیں۔ اس سلسلہ میں اس نے دلچسپ مثال یہ دی ہے کہ ۱۹۶۷ء کی جنگ پہلے مصر کی فوج میں موسیقاروں اور فلم ایکٹریسوں کی تصویریں فوجیوں میں تقسیم کی گئیں تھیں لیکن جنگ کے خاتمہ کے فوراً بعد حکومت کی جانب سے جہاد اور رسولؐ اللہ کی جنگوں کے بارے میں پمفلٹس تقسیم کیے گئے۔ لہٰذا اس شکست نے عرب معاشرے میں انقلابی تحریکوں کو ختم کردیا اور ان کی جگہ رجعت پرستانہ خیالات حاوی ہوگئے۔ دوسرا اثر یہ ہوا کہ عربوں نے کسی اور کو اپنی شکست کا ذمہ دار ٹھہرانے کی بجائے خود کو موردالزام ٹھہرایا۔

اس کی ایک مثال دیتے ہوئے عجمی نے لکھا ہے کہ شکست کے بعد عبدالحکیم عامر نے خودکشی کرلی، بہت سے لوگوں کے نزدیک یہ خودکشی ایک عام بات تھی، مگر ایک مصری ادیب نے اسے دوسرے انداز سے دیکھا ہے اور لکھتا ہے کہ ''میں نے اس واقعہ کے نتیجہ میں یہ تجزیہ کیا ہے کہ یہ غم وغصہ کے اظہار کی ابتدا ہے جو آگے چل کر قدیم عقائد کو ختم کرکے ان کی جگہ نئی روایات کو پیدا کریں گے۔'' عبدالحکیم کی خودکشی سے یہ بھی ظاہر ہوتا ہے کہ ذاتی ذمہ داری کا سوال بھی معاشرے میں اہمیت اختیار کرگیا تھا اور اس قسم کا واقعہ اور ذاتی ذمہ داری کے اظہار کا یہ طریقہ مسلمان معاشرے میں بالکل اچھوتا ہے۔

لیکن شکست کے بعد انقلابی اور ترقی پسند دانشوروں کے خیالات ونظریات عرب معاشرے میں کوئی تبدیلی نہیں لاسکے اور لوگ سیاسی رہنماؤں سے مایوس ہوکر مذہب کی جانب راغب ہوگئے تاکہ وہ مایوسی وپسماندگی سے نکل سکیں اور دنیا میں باعزت مقام حاصل کرسکیں۔

تیل والے عرب ملکوں نے اس صورت حال سے پورا پورا فائدہ اٹھایا اور ہر جگہ مذہبی تحریکوں کی حمایت کی اور ان کے ذریعہ انھوں نے تمام عرب ملکوں کو اس بات پر مجبور کیا کہ وہ ان کی پالیسی کو اختیار کریں۔

یہاں سے مایوس ہوکر انقلابی عرب دانشوروں اور لیڈروں نے فلسطین کی تحریک آزادی کی حمایت شروع کی تاکہ اس کے ذریعہ وہ عرب معاشرے کی بے حسی اور لاتعلقی کو ختم کرسکیں۔ لیکن ان کی تمام امیدیں اس وقت ختم ہوگئیں جب ۱۹۷۰ء میں اُردن نے فلسطینیوں کا قتل عام کرکے انھیں کمزور کردیا۔ فلسطینیوں کا یہ قتل عام تمام عرب ریاستوں کی مرضی سے ہوا، کیوں کہ وہ ان کی آزادی کو ختم کرکے انھیں اپنے کنٹرول میں لانا چاہتے تھے تاکہ عرب ریاستیں اسرائیل سے بات چیت کرسکیں اور خود اپنے ملکوں میں انقلابی تحریکوں کو کچل سکیں۔

لبنان کی خانہ جنگی نے مزید فلسطینیوں کی طاقت کو کمزور کردیا، اس کے بعد عرب انقلابیوں کے لیے کوئی راستہ باقی نہیں رہا کہ وہ عرب معاشرے کو تبدیل کرسکیں۔ ۱۹۷۳ء کی جنگ کے بعد سادات کا یہ فیصلہ کہ اسرائیل کو تسلیم کرلیا جائے، اس نے تمام امیدوں کو ختم کردیا۔ بعد کے واقعات سے یہ ثابت ہوا کہ انقلابی تحریکیں ایک ایک کرکے دم توڑ گئیں۔ کیمپ ڈیوڈ کے معاہدہ، لبنان سے فلسطینیوں کے اخراج کے بعد سعودی عربیہ اور خلیج کی

ریاستوں نے بنیاد پرستی کی حمایت کرتے ہوئے عرب ملکوں میں مذہبی جماعتوں کی مالی امداد کرکے انھیں متحرک بنا دیا۔ عرب قوم پرستی کے ختم ہونے کے بعد جو خلا رہ گیا تھا، اسے بنیاد پرستی نے جلد پُر کرلیا اور لوگ اس امید میں ان کے ساتھ ہوئے کہ انھوں نے انھیں پسماندگی اور ذلت سے نکالنے کا دعویٰ کیا ہے۔ لہٰذا اس مرحلہ پر یہ سوال سامنے آتا ہے کہ یہ بنیاد پرستی عربوں کو کہاں سے کہاں لے جائے گی؟ کیا یہ پسماندگی کو دور کرسکے گی اور کیا یہ زمانہ کے تقاضوں کو پورا کرسکے گی؟ عرب دانشوروں نے اس بات کا تجزیہ کرتے ہوئے اس کے خطرناک نتائج کی نشاندہی کی ہے، مگر ان کی اس تنبیہ کا کوئی اثر اس لیے نہیں ہوا کہ لوگوں کے سامنے کوئی دوسرا متبادل راستہ بھی تو نہیں ہے۔

فواد عجمی نے اس صورت حال پر تبصرہ کرتے ہوئے لکھا ہے کہ اس تاریخی بحران میں پھنسنے کے بعد وہ ان طاقتوں کے وجود سے پریشان ہیں جنھوں نے انھیں اپنے محاصرے میں لے رکھا ہے۔ لہٰذا ان سے مقابلہ کرنے کے لیے انھوں نے ان علامتوں اور ہتھیاروں کا سہارا لیا جن کے استعمال سے وہ بخوبی واقف ہیں، یعنی ان کی مذہبی شناخت، مگر اس سوال کا جواب ابھی باقی ہے کہ کیا وہ محض اپنی مذہبی شناخت سے زمانہ کے چیلنجوں کا مقابلہ کرسکیں گے؟

مصر اور بنیاد پرستی

یوں تو بنیاد پرستی کی تحریکیں تمام اسلامی ممالک میں ہیں، مگر اس وقت مصر ان تحریکوں کا مرکز بنا ہوا ہے اور جب ان تحریکوں کے کارکنوں نے غیر ملکی سیاحوں پر حملے شروع کیے، اس کے بعد سے تو ساری دنیا کی توجہ اس کی طرف ہے۔ کیوں کہ ان کی سرگرمیوں کی وجہ سے ایک طرف تو حکومت بے بس نظر آتی ہے اور ان کے خلاف موثر اقدامات نہیں کرسکتی ہے، دوسری طرف اس بے بسی کے اظہار کے لیے اس نے تحریک کے کارکنوں کو پھانسی دینے کا سلسلہ شروع کیا جو بنیاد پرستی کو کمزور کرنے کی بجائے اسے نئی زندگی دے رہا ہے۔

مصر میں ابتدا میں اخوان المسلمون ایک بنیاد پرست جماعت کی حیثیت سے ابھر کر سامنے آئی تھی لیکن وقت کے ساتھ ساتھ اور آہستہ آہستہ اخوان المسلمون نے اپنی پالیسی کو تبدیل کرلیا اور تشدد کو ترک کرکے حکومت کے ساتھ سمجھوتہ کرلیا۔ لیکن اس سمجھوتے کے نتیجہ میں ایسی کوئی تبدیلی عمل میں نہیں آئی جو بنیاد پرستوں کو مطمئن کرسکتی بلکہ ملک کے خراب ہوتے ہوئے حالات کی وجہ سے یونیورسٹیوں کے تعلیم یافتہ نوجوانوں کو اس پر مایوسی ہوئی کہ حکومت ہر لحاظ سے مکمل طور پر ناکام ہوچکی ہے۔ ان حالات میں وہ نوجوان جو یہ سمجھتے ہیں کہ صرف شریعت کے نفاذ میں مصر کا مستقبل ہے، انھوں نے اخوان کے رویہ سے بددل ہوکر اپنے علیحدہ علیحدہ چھوٹے چھوٹے گروہ بنانے شروع کردیے تاکہ معاشرے میں تبدیلی کو لایا جاسکے اور معاشی و سماجی مسائل کو حل کرنے کے لیے اسلامی تعلیمات کو نافذ کیا جائے۔

لہٰذا، ان میں جو اہم جماعتیں ہیں، وہ یہ ہیں: اسلامک لبریشن آرگنائزیشن، تکفیر الہجرہ، الجہاد اور تحریر اسلامی۔ ان تحریکوں کے اہم اور سرگرم نوجوان وہ ہیں جو اپنے بزرگوں سے مایوس ہوچکے ہیں اور جنھیں اصلاحات

کی پالیسی سے کوئی امید نہیں ہے، اس لیے ان کی شدید خواہش ہے کہ ہر چیز کو کم سے کم وقت میں تبدیل کر دیا جائے۔ اس لیے یہ تشدد پر یقین رکھتے ہیں اور اقتدار پر ہر صورت میں قابض ہونا چاہتے ہیں۔

ان کے نظریہ کے مطابق مصر جاہلیت کی حالت میں ہے اور یہاں پر اکثریت پیدائشی مسلمانوں کی ہے جب کہ درحقیقت انھیں اسلامی تعلیمات کے بارے میں کچھ علم نہیں ہے۔ اس لیے تکفیر الہجرہ کا موقف یہ ہے کہ کفر کے اس مرکز سے ہجرت کی جائے، ایک مثالی معاشرہ علیحدہ رہتے ہوئے قائم کیا جائے اور اس کے بعد تمام معاشرہ کو اس میں ضم کر لیا جائے۔ ان کے ذہن میں رسولؐ اللہ کا ماڈل ہے جنھوں نے مکہ سے مدینہ ہجرت کی اور وہاں ایک مثالی معاشرہ قائم کر کے دوبارہ مکہ واپس آ گئے۔

یہ مذہبی جماعتیں تعلیمی اداروں میں سرگرم ہیں، جہاں یہ دوسرے طالب علموں کو اپنی تحریک میں شامل کرنے کی کوشش کرتی ہیں۔ ان کی تعلیمات اور نظریات سے عوام متاثر نہیں ہوئے اور وہ اب تک مذہب کو روایتی انداز سے مانتے ہیں اور اس میں کسی قسم کی انقلابی تبدیلی نہیں چاہتے ہیں۔

بیری روبن (Barry Robin) نے اپنی کتاب 'اسلامی بنیاد پرستی مصر کی سیاست میں' جو ۱۹۹۰ء میں شائع ہوئی ہے، اس میں اس نے مصر میں بنیاد پرستی کے مختلف ادوار کا تجزیہ کیا ہے اور یہ کہ اس میں اور دوسرے اسلامی ملکوں کی تحریکوں میں کون سا واضح فرق ہے، اس کے تجزیے کے مطابق مصر میں حکومت روایتی علما کو مکمل طور پر اپنے کنٹرول میں رکھتی ہے اور انھیں اپنے سیاسی مقاصد کے لیے استعمال کرتی ہے۔ الازہر جو کہ اسلامی دنیا کی سب سے قدیم یونیورسٹی ہے، وہ روایتی علما کی تربیت کرتی ہے۔ چونکہ یہ یونیورسٹی مکمل طور پر حکومت کی مالی امداد پر چلتی ہے، اس لیے شیخ الازہر جو حکومت کا نامزد کیا ہوا ہوتا ہے، اس سے حکومت بار بار یہ کہتی ہے کہ وہ اس کی حمایت میں فتوے جاری کرے۔ سادات نے جب اسرائیل کے ساتھ امن کا معاہدہ کیا تو اس وقت شیخ الازہر سے کہا کہ وہ اس کے جائز ہونے کے بارے میں فتویٰ دے۔ اس کا نتیجہ یہ ہوا کہ شیخ الازہر اور جامعہ ازہر کی وقعت نہ لوگوں کے دلوں میں رہی اور نہ انقلابی تحریکوں کے کارکنوں میں۔

الازہر کے علاوہ حکومت محکمہ اوقاف کے تحت تقریباً دس ہزار مسجدوں کو اپنی نگرانی میں لیے ہوئے ہے اور یہاں پر امام مسجد اور مبلغ حکومت کی مرضی سے مقرر کیے جاتے ہیں، اس کے علاوہ علما کو فائدہ پہنچانے کی غرض سے حکومت نے انھیں سہولت دے رکھی ہے کہ وہ ٹی وی اور ریڈیو کے ذریعہ وعظ کر سکیں۔ جو مشہور مدرسے ہیں، انھیں حکومت مالی امداد دیتی ہے اور ان کی مطبوعات پر حکومت انھیں پیسہ فراہم کرتی ہے۔

اسی طرح سے مختلف طریقوں سے حکومت علما کی ایک بڑی تعداد کو مالی طور پر امداد فراہم کرتی ہے اور اسی لیے جب حکومت کو ضرورت ہوتی ہے تو یہ علما اس کی حمایت میں انقلابی تحریکوں کی مخالفت کرتے ہیں۔ روبن کے تجزیہ کے مطابق مصر میں چار قسم کے علما ہیں۔

(ا) روایتی علما جو یہ سمجھتے ہیں کہ موجودہ نظام میں اس بات کی گنجائش ہے کہ اس کو تبدیل کیا جا سکے، یہ تبدیلی تبلیغ اور مذہبی تعلیمات کے ذریعہ ممکن ہے۔

(۲) وہ بنیاد پرست نوجوان جن کا تعلق جمعیت اور دوسرے گروہوں سے ہے اور جو کہ تعلیمی اداروں میں سرگرم ہیں، وہ ان سرکاری علما کی مخالفت کرتے ہیں۔
(۳) اخوان المسلمون کے علما جو اب سیاست میں حصہ لیتے ہیں، وہ قانون سازی کے عمل سے شریعت کا نفاذ چاہتے ہیں۔
(۴) انقلابی جماعتیں جو مکمل طور سے تمام نظام کی مخالف ہیں اور تشدد کے ذریعہ اسلامی ریاست کو قائم کرنا چاہتی ہیں۔

مصر کی مختلف حکومتوں نے بنیاد پرستی کو روکنے اور حکومت کی مخالفت کو ختم کرنے کے جو اقدامات کیے ہیں، ان میں سے ایک تو یہ ہے کہ ان پُرتشدد جماعتوں کے سربراہوں کو پھانسی دے دی جائے، دوسرا یہ کہ اخوان کو اپنے ساتھ ملا کر اور اس کے ساتھ سمجھوتہ کر کے اسے ایک روایتی سیاسی جماعت بنا دیا جائے۔ سادات اور مبارک دونوں نے جس پالیسی پر عمل کیا، وہ یہ کہ علما کو حکومت میں شامل کر کے انھیں مالی طور پر محتاج بنا دیا جائے تا کہ وہ حکومت کی مخالفت نہ کر سکیں اور اس کے لیے استعمال ہوں۔

اس لیے حکومت یہ سمجھتی ہے کہ اس کے لیے ان چھوٹے انقلابی گروپوں کو ختم کرنا آسان ہے، کیوں کہ انھیں عوام کی حمایت حاصل نہیں ہے اور نہ ہی وہ ان میں بہت زیادہ مقبول ہیں۔ لیکن حکومت بنیاد پرستی کے جذبات کو اس قدر آسانی سے بھی ختم نہیں کر سکتی ہے، کیوں کہ وہ معاشی اور سیاسی حالات بدستور موجود ہیں جو ان جماعتوں کو پیدا کرنے اور پُرتشدد بنانے میں مددگار رہوئے ہیں۔

لیکن یہ حقیقت ہے کہ بنیاد پرستی کی ان تحریکوں نے مصر کی سیاست کو بدلنے میں اہم حصہ لیا ہے۔ روبن کے مطابق؛ مصر کی سیکولر اور بائیں بازو کی جماعتیں بنیاد پرستی کے عروج سے اس قدر خوف زدہ ہیں کہ انھوں نے خود ان کے نظریات کو اپنی جماعت کے منشور میں شامل کرنا شروع کر دیا ہے، جس کی وجہ سے بنیاد پرستی اور زیادہ مضبوط ہو گئی ہے۔

یہ المیہ مصر ہی کا نہیں، بلکہ دوسرے اسلامی ملکوں کا بھی ہے جہاں سیاسی جماعتیں علما کے دباؤ کے اندر اپنے منشور میں مذہبی دفعات کو شامل کر رہی ہیں، تا کہ اس طرح سے لوگوں کی ہمدردیاں حاصل کر کے سیاسی اقتدار کو حاصل کر سکیں۔ اس لیے بعض اوقات یہ ترقی پسند جماعتیں بنیاد پرستی کو فروغ دینے میں زیادہ سرگرم ہو جاتی ہیں۔ اس سے ان کی موقع پرستی صاف ظاہر ہو جاتی ہے کہ لوگوں کو تربیت دینے، پڑھانے اور سیاسی شعور دینے کی بجائے یہ بھی شارٹ کٹ اختیار کر کے جلد اقتدار پر قابض ہونا چاہتی ہیں۔

بنیاد پرستی اور جمہوریت

بنیاد پرستی جو تشدد، جبر اور انتہا پسندی کا نظریہ ہے، وہ ایک ایسے معاشرے میں مشکل سے پنپ سکتا ہے جہاں ریاست نے تمام آزادی کو سلب کر رکھا ہو اور جہاں سیاسی سرگرمیوں پر پابندیاں ہوں۔ اس لیے یہ

خصوصیت سے اس معاشرے میں جہاں جمہوریت ہو اور عمل کی آزادی ہو، وہاں خوب پھیلتی اور پھولتی ہے۔ لہٰذا ان تمام مسلمان ملکوں میں جہاں بادشاہ یا آمر حکومت کر رہے ہیں، وہاں بنیاد پرستی کی تحریکوں کو سختی سے کچل دیا گیا ہے۔ سعودیہ عربیہ جیسے ملک میں جو ایک اسلامی ریاست ہونے کا دعویٰ کرتا ہے، جب ایک اسلامی انقلابی گروہ نے کعبہ پر قبضہ کر کے یہ مطالبہ کیا کہ ملک میں خالص اسلامی نظام کو نافذ کیا جائے تو ان کے خلاف فوری اقدامات کیے گئے اور انھیں سختی سے کچل کر رکھ دیا گیا اور یہی کچھ شام میں ہوا جہاں حافظ الاسد نے بیس ہزار کے قریب لوگوں کو الحمص کے شہر میں قتل کروا دیا۔ عراق، لیبیا، اردن اور مراکش میں سیاسی طور پر اس قدر پابندیاں ہیں کہ وہاں حکومت کے خلاف ذرا سی بھی مخالفت کو برداشت نہیں کیا جاتا ہے۔

اس لیے بنیاد پرستی کی تحریک بھی انھیں ملکوں میں ابھر سکتی ہے جہاں مخالفت کو برداشت کیا جاتا ہو۔ اس نظام میں انھیں بھی اس کی اجازت ہوتی ہے کہ وہ اپنی سیاسی جماعت بنائیں، اپنا لٹریچر تیار کریں اور اپنے مطالبات کے لیے تمام جمہوری اداروں اور روایات کو اختیار کریں۔ لہٰذا اس کا نتیجہ یہ ہوا ہے کہ ان ملکوں میں بنیاد پرست جماعتوں نے جارحانہ انداز میں سیاست پر اپنی اجارہ داری قائم کرنا شروع کر دی ہے، وہ ان پڑھ اور جاہل عوام کے جذبات سے فائدہ اٹھا کر انھیں خوش آئند وعدوں کے ذریعہ اپنے ساتھ ملا رہے ہیں۔ اس کا نتیجہ یہ ہے کہ وہ سیکولر جماعتیں جو اب تک سیاست پر حاوی تھیں، وہ آہستہ آہستہ پیچھے کی جانب ہٹ رہی ہیں۔

اس کی مثال مصر میں اخوان المسلمون کی ہے، جس نے اس بات کا اندازہ لگاتے ہوئے کہ ان کی پُرتشدد پالیسی کی وجہ سے وہ مقبول عام سیاسی جماعت نہیں بن رہے ہیں، اپنے پرانے موقف کو بدل دیا اور اس کی جگہ جمہوری اور اسلامی جماعت کی شکل اختیار کر لی۔ عوام میں اپنے پرانے امیج کو تبدیل کرنے کی غرض سے انھوں نے جدید مصر کی تاریخ کو نئے نقطہ نظر سے پیش کرنا شروع کر دیا، اس میں اخوان کی جو حیثیت ابھرتی ہے، وہ یہ ہے کہ انھوں نے بادشاہت کے خلاف جدوجہد کی اور شاہ فاروق کے خلاف تحریک چلا کر اس کے جبر سے مصر کو آزاد کرایا۔

اب وہ ۱۹۵۲ء کے انقلاب میں بھی اپنا کردار بیان کرتے ہیں، جس کے نتیجہ میں جمال ناصر اقتدار میں آیا تھا۔ اس نئے نقطہ نظر سے اخوان نے خود کو سیاست کے دھارے میں شامل کر لیا اور وہ حکومت و عوام دونوں کے لیے اس لیے قابل قبول ہے کہ وہ تشدد کی بجائے اصلاحات کے ذریعہ اسلامی نظام کا نفاذ چاہتے ہیں۔

وہ شخص جس نے اس پالیسی کو عملی جامہ پہنایا، وہ القسلمانی (وفات: ۱۹۸۶ء) تھا، جس نے اخوان کی پُرتشدد پالیسی کو ترک کر کے دوسری سیاسی جماعتوں کے ساتھ معاہدے کیے۔ خاص طور سے اس کا وفد جماعت کے ساتھ تعاون قابل ذکر ہے۔ کیوں کہ وفد ایک سیکولر جماعت کی حیثیت سے عوام میں روشناس تھی، اور اس کے حمایتیوں کی تعداد بھی عوام اور دانشوروں میں تھی، اس لیے اخوان کا وفد کے ساتھ جو اتحاد ہوا، اس نے اسے مقبول بنانے اور اس کی سیاسی بنیادیں مستحکم کرنے میں مدد دی۔ اس کا نتیجہ یہ ہوا کہ تمام سیاسی جماعتوں نے عوام کی ہمدردی حاصل کرنے کے لیے اپنے اپنے منشور میں اسلام کو شامل کر لیا اور اسلامی نظام کے نفاذ کے لیے ہر سیاسی

جماعت سرگرم ہوگئی۔

اس صورت حال پر تبصرہ کرتے ہوئے ایک تجزیہ نگار نے لکھا کہ، تمام سیاسی جماعتوں نے بغیر کسی تخصیص کے اپنے منشور میں اسلامی شریعت کے نفاذ کو اولیت دے دی ہے، جب کہ اس سے پہلے یہی سیاسی جماعتیں شریعت کے نفاذ کے نعرہ کو رجعت پسند اور قدامت پسند کہتی تھیں اور مذہب کے سیاسی استعمال کو برا سمجھتی تھیں۔

دیکھا جائے تو مصر کی طرح پاکستان بھی اسی عمل سے گزر رہا ہے۔ یہاں بھی اخوان کی طرح جماعت اسلامی نے اسلام کو بطور سیاسی حربہ کے استعمال کر کے پوری سیاست کو مذہبی رنگ دے دیا ہے۔ یہاں کے جمہوری اداروں اور روایات سے فائدہ اٹھاتے ہوئے جماعت اسلامی نے مختلف سیاسی جماعتوں کے ساتھ انتخاب کے موقع پر اتحاد کیے اور ان کو اس بات پر مجبور کیا کہ ان کی شریعت کے بارے میں جو نقطہ نظر ہے، اسے منشور کا حصہ بنایا جائے اور اس کا نفاذ کیا جائے۔ لہٰذا اس کی وجہ سے پاکستان کی سیاست کا پورا نقشہ بدل کر رہ گیا۔ اب تمام سیاسی جماعتیں جو سیکولر ہونے کا دعویٰ کرتی ہیں، یا سوشل ازم کا، ان کا موقف بھی یہی ہو گیا ہے کہ وہ پاکستان میں اسلامی نظام کو قائم کر کے اس کے تمام مسائل کو حل کریں گے۔

اس حقیقت کو بھی ذہن میں رکھنا چاہیے کہ بنیاد پرست جماعتیں جمہوری اداروں اور روایات کے استعمال کے باوجود جمہوریت پر یقین نہیں رکھتی ہیں۔ اس کی مثال الجزائر میں اسلامک سلویشن پارٹی کے موقف سے ظاہر ہے، جنھوں نے الیکشن میں کامیابی کے بعد یہ اعلان کر دیا تھا کہ وہ اقتدار میں آنے کے بعد پھر کبھی الیکشن نہیں کرائیں گے اور نہ ملک میں جمہوری نظام کو باقی رکھیں گے۔ اس لیے بنیاد پرست جماعتیں جمہوریت میں اس وقت تک یقین رکھتی ہیں جب تک وہ اس کو اپنے اقتدار کے لیے استعمال کر سکیں اور اس نظام میں اپنے نظریات کو پھیلا سکیں لیکن جیسے ہی وہ اقتدار میں آ جائیں، وہ سب سے پہلے جمہوریت سے چھٹکارہ پائیں گی، کیوں کہ وہ سمجھتی ہیں کہ جمہوری نظام میں وہ سختی و جبر سے اپنے نظریات کا نہ تو نفاذ کر سکتی ہیں اور نہ لوگوں کا ذہن بدل سکتی ہیں۔

اس لیے یہ سوال پیدا ہوتا ہے کہ کیا جمہوری نظام میں ایسی جماعتوں کو کام کرنے کی اجازت ہونی چاہیے جو غیر جمہوری ذہن کی حامل ہیں اور جن کے منشور میں یہ ہے کہ وہ کامیاب ہو کر اس نظام کو ختم کر دیں گی اور اس کی جگہ انتہا پسندی کے نظریہ کو قائم کریں گی؟

[بشکریہ 'تاریخ اور دانشور'، فکشن ہاؤس، لاہور، اشاعت دوم، ۲۰۰۴ء]

برصغیر کی مسلم ذہنیت

عبدالکریم عابد

برصغیر کے مسلمانوں کی ذہنی وجذباتی حالت کی جونوعیت ہوش سنبھالنے کے بعد دیکھی وہ دل میں خلش پیدا کرتی تھی، کیوں کہ یہ ان اعلیٰ اخلاقی اصولوں سے بالکل عاری تھی جو ہمارے مذہبی تاریخی، ادبی لٹریچر میں نظر آتی تھیں۔ عوام اور خواص میں مسلم لیگ بہت مقبول تھی مگر مسلم لیگی عوام مولانا آزاد اور مولانا حسین احمد مدنی کے بارے میں کافی بدکلامی کا مظاہرہ کرتے تھے اور جب وہ اپنے مولانا لوگوں کا احترام نہیں کرسکتے تھے تو دوسروں کا کیا کرتے۔ اس لیے گاندھی اور نہرو کے لیے مغلظات کا استعمال عام تھا اس کے مقابلے میں ہندوؤں کی یہ خصوصیت تھی کہ وہ اپنے سب ہی رہنماؤں کا احترام کرتے تھے۔ سبھاش چندر بوس باغیانہ اور جنگجو یانہ مزاج رکھتے تھے، گاندھی عدم تشدد اور روحانیت کے قائل تھے، نہرو لامذہب تھے، سردار پٹیل میں ہندو تعصب تھا، راج گوپال آچاریہ مسلم دوست تھے۔ غرض ہر ہندو لیڈر نظریاتی اور مزاجی لحاظ سے ایک دوسرے سے مختلف تھا مگر ہندو سب کا احترام کرتے تھے، ان کی تصاویر گھروں میں سجاتے اور ان کی تصویروں کو ہار پھول پہناتے۔ یہ کبھی کسی نے نہیں سوچا کہ ان لیڈروں میں میرا کون ہے، وہ سب کو خیالات کے اختلاف کے باوجود اچھا سمجھتے تھے۔ کانگریسی لیڈروں ہی کی نہیں کمیونسٹوں کی بھی عزت ہوتی تھی۔

مگر مسلمان اپنے لیڈروں میں سے کسی ایک کے پرستار ہوجاتے تھے، باقی کے خلاف ہر طرح کی بدزبانی روا رکھتے تھے۔ مسلم لیڈر اور دانشور خود بھی ایک دوسرے کی ٹانگیں کھینچنے اور اسکینڈل اچھالنے کے عادی تھے، ہر ایک دوسرے کو گرا کر اوپر آنا چاہتا تھا۔ اس چیز نے مسلمانوں کی قیادت کے ابھار کا راستہ روکا کیوں کہ ہر چھوٹے بڑے لیڈر اور دانشور کو مخالفین کے ٹولے سے سابقہ پڑتا تھا اور یہ مخالفت سخت ناشائستہ ہوتی تھی۔ اس طرح شخصیتوں کے بناؤ اور تعمیر کا عمل مشکل ہوگیا تھا، اس معاملہ میں سب ایک جیسے تھے۔ نیشنلسٹ مسلمان بھی قائداعظم کے خلاف ہر قسم کی بکواس کرتے تھے، انگریز کا ایجنٹ کہنا عام بات تھی۔ اس طرح مسلم سیاست اور

62 اسلامی معاشرہ اور مسلم ذہنیت

صحافت میں گالم گلوچ کافی دیکھنے میں آئی۔ مذہبی حلقوں کا اس سے برا حال تھا اور ان کی بدزبانی کی کوئی انتہا نہیں تھی، کوئی مخالف کافر اور دجال سے کم نہیں سمجھا جاتا تھا۔

جب مسلم رہنما اور علما اپنی زبان کو شائستہ نہیں رکھ سکتے تھے تو قوم میں شائستگی اور وسیع المشربی یا رواداری کیسے پیدا کر سکتے تھے۔ سر فیروز خان نون انگلستان کے تعلیم یافتہ آدمی تھے، گھر میں یورپین بیوی تھی مگر لیگی لیڈر کی حیثیت سے انھوں نے بیان دیا تو کہا کہ ہم ہندوؤں کو ہلاکو اور چنگیز بن کر بتائیں گے۔ انھیں ابوبکرؓ اور علیؓ اپنے ہیرو نظر نہیں آئے، چنگیز خان اور ہلاکو نظر آئے۔ بنگال کے مولوی فضل حق کو شیر بنگال کا خطاب اس بات پر دیا گیا کہ انھوں نے مسلم لیگ کے اجلاس میں کہا کہ یوپی کے مسلمانوں کا ساتھ برابرتاؤ کیا گیا تو بنگال میں ہم ہندوؤں سے اس کا شدید بدلہ لیں گے۔ اس پر نعرے لگے اور انھیں شیر بنگال کا خطاب دیا گیا، بعد میں جب ان کی مخلوط حکومت کے ہندو وزیروں نے کہا کہ یہ آپ نے کیا کہہ دیا تو انھوں نے کہا کہ وہ تو میں نے علما کے جوش کو دیکھ کر کہہ دیا تھا بلکہ اسٹیج پر تو ایسا کہنا اور کرنا ہی پڑتا ہے ورنہ میں تم سے الگ تھوڑا ہی ہوں۔

مولانا آزاد سفر کے دوران علی گڑھ اسٹیشن سے گزر رہے تھے تو علی گڑھ کالج کے طلبا مادر زاد ننگے ہو کر مولانا کے سامنے کھڑے ہو گئے، گندے انڈے پھینکے اور انھیں فحش گالیاں دیں۔ مراد آباد کے اسٹیشن پر حضرت مولانا حسین مدنی کی داڑھی نوچی گئی اور منہ پر تھوکا گیا، مولانا حفظ الرحمن نے اس پر بیان جاری کیا اور کہا کہ نفرت اور بداخلاقی کے مظاہر ناقابل برداشت ہیں، ہم مسلم لیگیوں سے اسلام کو واسطہ دے کر کہتے ہیں کہ وہ علما کی توہین نہ کریں۔ مولانا مدنی نے اس واقعے پر عجیب تبصرہ کیا کہ وہ واقعہ میرے ایمان کے کمزور ہونے کی دلیل ہے، اگر ایمان پختہ ہوتا تو صرف بدسلوکی نہ ہوتی بلکہ مجھے قتل کر دیا جاتا۔ عطاء اللہ شاہ بخاری صدر مجلس احرار نے اپنے بیان میں کہا:

> مجھے اس بات کا گلہ نہیں ہے کہ مجھ پر تہمتیں لگائی جا رہی ہیں، لیکن اس بات کا گلہ ضرور ہے کہ مسلمان قوم کا اخلاق بگاڑا جا رہا ہے، طلبا اپنے بزرگوں کے سامنے ننگے ناچتے ہیں، ان کی متبرک داڑھیوں میں شراب انڈیلتے ہیں، وہ مسلمان نوجوان کو کس طرف لے جا رہے ہیں۔
>
> میں نے سری نگر میں ابوالکلام آزاد کے جلوس پر جوتوں کی بارش کا حال پڑھا ہے، علی گڑھ میں طلبا نے مولانا کے ڈبے میں داخل ہو کر اپنی پتلونیں اتاریں اور اپنی شرم گاہوں کا مظاہرہ کیا۔ آخر یہ کیا تماشہ ہے، اور ابوالکلام تک ہی معاملہ محدود نہیں ہے، ان کی اہلیہ کو کسی نے بے نقاب نہیں دیکھا، ان کی موت کے وقت مولانا آزاد جیل میں تھے۔ مسلم لیگی رضا کار مسلمانوں کو جنازے میں شرکت سے یہ کہہ کر روکتے رہے کہ کافرہ مر گئی ہے۔ مولانا حسین احمد مدنی کی ٹوپی بھی جلا دی گئی اور ان کی نورانی داڑھی میں شراب انڈیلی گئی۔ یہ سلوک اس حسین احمد کے ساتھ کیا گیا جو آلِ رسول ہیں، جو چودہ برس مدینہ میں درسِ دین دیتا رہا اور مدینہ سے تعلیم حاصل کرنے والے ہندوستان کے ہزاروں محدث اس کے شاگرد ہیں۔ میں اس پر روتا ہوں کہ مسلمان قوم کا کیا بنے

گا۔ میرے متعلق کہا جاتا ہے کہ ہندو کے ہاتھ بک گیا اور یہی ابوالکلام اور حسین احمد کے بارے میں بھی کہا جاتا ہے۔

احرار کے رہنما عطاء اللہ شاہ بخاری کا ماتم بجا تھا لیکن خود احراری خاکسار اور جمعیت العلمائے ہند کے رہنما کون سی اچھی زبان استعمال کرتے تھے۔ سرسید، قائداعظم، علامہ اقبال کے بارے میں کیا کچھ نہیں کہا گیا اور لکھا گیا۔ جب کہ متعدد منصف مزاج ہندو مثلاً سروجنی نائیڈو، راج گوپال آچاریہ وغیرہ قائداعظم کے بے حد مداح تھے مگر نیشنلسٹ مسلمان ان کی عزت کرنے کے لیے تیار نہیں تھے۔ دراصل مسلمانوں کا یہ مزاج علما نے بنایا تھا کہ ہر مخالف قابل گردن زدنی ہے۔ یہی مزاج اہل سیاست کے ورثہ میں آیا اور اس کا ارتقا آج کل کی کلاشنکوف سیاست ہے۔

اس مزاج کا ہی نتیجہ تھا کہ مدارس میں مارچ ۱۹۴۷ء کے کل ہند اجتماع جماعت اسلامی میں مولانا مودودی کی تقریر کے دوران غنڈے پنڈال میں گھس گئے اور اجتماع درہم برہم کر دیا، بعد میں لیگی رہنماؤں نے مولانا سے مل کر اس واقعہ پر معافی مانگی۔ اجلاس کے دوران میں نے جماعت کی رکنیت کا حلف لیا تھا، میں اس جماعت کا سب سے کم عمر رکن تھا یعنی سترہ سال کی عمر تھی اور ڈھائی سال تک امیدوار رکنیت رہنے کے بعد رکن بنایا گیا تھا۔ اجلاس میں غنڈہ گردی کو روکنے کی کوشش میں ایک پہلوان نما شخص نے میرے منھ پر زبردست طمانچہ رسید کیا۔ میں چکرا گیا، آنکھوں کے سامنے اندھیرا آ گیا مگر دل میں خوش ہوا کہ چلو ایک سعادت حصے میں آ گئی۔ اس اجتماع میں مولانا نے ہندوستان میں تحریک اسلامی کا آئندہ لائحہ عمل کے عنوان سے ایک اہم تقریر کی تھی۔ اس تقریر کے مندرجات اور ہندوستانی جماعت اسلامی کا پھر کبھی تذکرہ ہوگا۔

مسلمانوں کے مزاج کی دوسری خصوصیت ان کا جھوٹا زعم تھا، وہ سمجھتے تھے کہ ہم بہت برتر ہیں ہندو کیا چیز ہے، اسے ہم چیونٹی کی طرح مسل کر رکھ دیں گے۔ یہ احساس برتری پدرم سلطان بود کے مصداق تھا۔ شبلی نے لکھا ہے کہ میں نے مسلمانوں کی تاریخ اور تاریخی کارنامے اس لیے لکھے کہ وہ ماضی سے متاثر ہو کر آگے کی جدوجہد کریں مگر میری کتابوں کا الٹا اثر ہوا، ان کتابوں سے مسلمانوں پر اپنی برتری کا جھوٹا نشہ طاری ہو گیا اور وہ بس نشے میں مست رہنے لگے۔ مگر یہ جھوٹا زعم خاص طور پر ہندوستانی مسلمانوں کو بہت مہنگا پڑا اور باقی دنیا میں جو حالات آج کل ہیں وہ اس زعم کو جھوٹا ثابت کرنے کے لیے کافی ہیں۔ دراصل مسلمانوں کی کمزوری ان کے جوشیلے مقرر ہیں، ان جوشیلی تقریروں کا بنیادی عنصر نفرت ہوتا ہے اور ہماری بیشتر سیاسی و مذہبی تحریکوں نے مسلمانوں کا نفرت کے گندے جوہڑوں میں غرق کیا اور ساتھ ہی خوش فہم بھی بنایا کہ وہ اگرچہ گندے نالوں میں لت پت پڑے ہیں مگر امید رکھتے ہیں کہ یہیں بیٹھے بیٹھے معجزہ ہو جائے گا اور وہ آسمانوں کی اڑان کا مزہ لیں گے۔

[بشکریہ 'سفر آدھی صدی کا'، ادارہ معارف اسلامی، کراچی]

شارٹ کٹ اسلام

خالد مسعود

ہم روزانہ دعا تو سیدھی راہ یا صراط مستقیم پر چلنے کی مانگتے ہیں لیکن تلاش شارٹ کٹ کی رہتی ہے۔ فارسی میں کہتے ہیں کہ 'راہ راست برو گرچہ دوراست۔' سیدھے رستے پر چلتے رہو، چاہے وہ دور ہی ہو۔ اس کشمکش کی وجہ سے ایک بے اطمینانی سی رہتی ہے کہ شارٹ کٹ صراط مستقیم کی مخالف سمت کا نام تو نہیں۔ سائنس کہتی ہے کہ خط مستقیم سب سے چھوٹا ہوتا ہے اور باقی خط ٹیڑھے اور راستے لمبے ہوتے ہیں۔ اس لحاظ سے شارٹ کٹ ہی صراط مستقیم بنتا ہے۔ عربی زبان میں جو خط مستقیم نہ ہو منحنی کہلاتا ہے۔ منحنی ٹیڑھے پن اور گمراہی کی علامت ہے۔ اس سے بھی یہی معلوم ہوتا ہے کہ شارٹ کٹ اور صراط مستقیم مترادف ہیں۔ ویسے بھی عاشقی صبر طلب اور تمنا بے تاب کا معاملہ ہے۔ ہم جلد از جلد اسلام کی گاڑی پکڑنا چاہتے ہیں مگر پریشانی یہ ہے کہ اس بھاگ دوڑ میں کبھی گاڑی چھوٹ جاتی ہے کبھی اسلام۔ اس کی وضاحت کے لیے ہم ایک حکایت بیان کرتے ہیں۔

ایک مرتبہ ایک مولانا اپنے خدام کے ساتھ ریل گاڑی میں سفر کر رہے تھے۔ ایک خادم کا نام اسلام تھا۔ مولانا اسلام سے بہت محبت کرتے تھے۔ اسلام بھی جی جان سے مولانا کی خدمت کرتا تھا۔ ہوا یوں کہ سفر کے دوران اسلام مولانا کے لیے پان لینے ایک اسٹیشن پر اترا۔ اتنے میں گاڑی چل پڑی۔ مولانا نے کھڑکی سے سر نکال کر اسلام کو آواز دی۔ اسلام کی آواز پر سب مسافروں نے زندہ باد کہا۔ گاڑی کی رفتار تیز ہو رہی تھی۔ اسلام گاڑی پکڑنے کے لیے بھاگ رہا تھا۔ مولانا پریشان تھے کہ اسلام کی گاڑی نہ چھوٹ جائے۔ جوں جوں گاڑی کی رفتار تیز ہوتی، مولانا زور سے اسلام کو آواز دیتے اور گاڑی کے ہر ڈبے سے اتنی ہی بلند آواز سے 'زندہ باد' میں جواب آتا۔ اس شور شرابے میں اسلام وہیں رہ گیا اور گاڑی آگے نکل گئی۔ اہل عرفان کہتے ہیں کہ عشق و عقیدت کی دنیا میں نعرہ ایسا شارٹ کٹ ہے جس کی فریب پرور سرشاری میں محبوب نظروں سے اوجھل ہو جاتا ہے۔

ہمارے خیال میں قصور عوام کا نہیں۔ نعرے عوام الناس میں مذہبی بیتابی اور اسلام سے بے انتہا عقیدت کا

بین ثبوت ہیں۔نعرہ سن کر عوام بیتاب ہو جاتے ہیں۔ ہمارے سیاسی، مذہبی اور کاروباری لوگ ہمارے جان و مال کی خیر چاہتے ہوئے ہم سے بھی زیادہ بیتابی سے اسلام کے نفاذ کے مختصر ترین پروگرام لے کر میدان میں اتر آتے ہیں۔وہ جو نسخے تجویز کرتے ہیں انھیں عام زبان میں شارٹ کٹ اسلام کہا جاتا ہے۔

تجزیہ کار بتاتے ہیں کہ شارٹ کٹ اسلام نہ صرف ایک فرقے کی شکل اختیار کر چکا ہے کیوں کہ اس میں ہینگ لگے نہ پھٹکری پر رنگ چوکھا آتا ہے۔ان کی تحقیق کے مطابق اب تک شارٹ کٹ اسلام میں ستر سے زیادہ فرقے پیدا ہو چکے ہیں۔ان ستر فرقوں کی تفصیل معلوم نہیں۔ جو معلومات دستیاب ہیں، ان کا شارٹ کٹ خلاصہ درج ذیل ہے۔اس خلاصہ کو شیئر کرتے وقت تجزیہ کاروں کا حوالہ درکار نہیں۔

ان میں سب سے سرکردہ فرقہ ُالاسلام ٗ کہلاتا ہے۔ پیروکاروں کا عقیدہ ہے کہ ُال ٗ کے بغیر اسلام عربی نہیں رہا۔ ُالاسلام ٗ ہی صحیح اسلام ہے۔اس فرقے کا ایمان ہے کہ اللہ سے بات چیت کے لیے عربی ضروری ہے، کیوں کہ وہ صرف عربی زبان جانتا ہے۔تاہم مسلمانوں کی اکثریت اب غیر عرب ہے، اس لیے اس فرقے کے علما نے بہت سی کتابیں تیار کی ہیں جن میں ہر موقع اور ہر حاجت کے لیے عربی میں دعائیں درج ہیں۔ان کتابوں کی مدد سے آپ ہر قسم کی بیماریوں، آفات اور بلیات سے بچنے کے لیے جلد قبول ہونے والی عربی دعائیں مانگ سکتے ہیں۔ رزق میں برکت، اچھی نوکری، مالدار رشتے، خاوند کو قابو میں رکھنے، بیوی کو فرمانبردار بنانے؛ الغرض ہر ضرورت کے لیے آپ اللہ سے براہ راست عربی میں درخواست کر سکتے ہیں۔ جو لوگ عربی بالکل نہیں جانتے، ان کے لیے ان دعاؤں کی آڈیو کیسیٹ اور ڈیوائس دستیاب ہیں، جس میں مطلوبہ دعا پر کلک کرنے سے اللہ میاں کو مستند عربی لہجے میں دعا کی تلاوت سنائی جا سکتی ہے۔حسب ضرورت آواز کو بلند یا کم کرنے کی سہولت بھی موجود ہے۔موبائل استعمال کرنے والے اس کو ڈاؤن لوڈ بھی کر سکتے ہیں۔ جو حضرات اس تردد میں نہیں پڑنا چاہتے، وہ ٹیلیفون کر کے دعا کی درخواست کر سکتے ہیں۔اس خدمت کے چارج نہیں ہیں، البتہ آپ حسب توفیق چندہ دے سکتے ہیں۔واجب الادا ُجی ایس ٹی ٗ اس کے علاوہ ہوگا۔

پاکستان میں ایک بہت بڑا چیلنج یہ ہے کہ عربی دینی اصطلاحات کا رواج نہیں رہا۔صلوٰۃ کو نماز اور صوم کو روزہ کہا جاتا ہے۔ان غیر عربی ناموں کی وجہ سے ان عبادات سے اسلام کی عربی روح نکل چکی ہے۔یہی صورت حال اسلامی عقائد کی بھی ہے۔غیر عربی اصطلاحات کے رواج سے عقیدے کمزور ہو گئے ہیں۔ یہ فرقہ اس بات پر زور دیتا ہے کہ روزہ، نماز کو صوم اور صلوٰۃ کہہ کر ادا کرنے سے ہی پورا ثواب ملتا ہے۔صوم اور صلاۃ کی نیت اور افطار کی دعا بھی عربی زبان میں ضروری ہے۔ اس کے لیے بھی موبائل پر ایک خصوصی سروس موجود ہے۔ اللہ اور اس کے رسولوں اور ملائکہ پر ایمان کے لیے پیغمبر اور فرشتہ کے لفظ صحیح اسلام کی عکاسی نہیں کرتے، ان کی بجائے عربی رسول اور عربی مَلک کو رواج دینا چاہیے۔ البتہ فرشتہ کی بجائے ُملک ٗ کہنے پر فی الحال زور نہیں دیا جا سکتا، کیوں کہ پاکستان کے بہت سارے ُملک ٗ بیٹھے بٹھائے فرشتے بن جائیں گے۔اسی طرح عربی میں سادات کے لیے شریف کی اصطلاح استعمال ہوتی ہے۔ پاکستان میں بہت سے شہروں اور گاؤں بلکہ بہت سی کتابوں کو شریف

کہا جاتا ہے۔ حتی کہ بہت سے لوگوں کے نام بھی شریف ہیں۔ ان سب کو سادات میں شمار کرنے سے نہ صرف نادرا پر بوجھ بڑھ جائے گا بلکہ ایسی نام کی تبدیلیاں بہت سی غلط فہمیوں اور جھگڑوں کو جنم دیں گی۔ اس لیے فی الحال صرف ایک شارٹ کٹ پلان پر زور دیا جا رہا ہے کہ 'خدا حافظ' کی بجائے 'اللہ حافظ' کو رواج دیا جائے۔ مستقبل قریب میں ایک میگا پراجیکٹ زیر غور ہے کہ ملک میں تمام کتابوں پر نظر ثانی کر کے خدا کی جگہ اللہ درج کیا جائے۔ اس منصوبہ کا آغاز قرآن مجید کے اردو ترجموں اور تفاسیر سے کیا جائے گا۔ مخیر حضرات سے اس کار خیر میں دل کھول کر حصہ لینے کی اپیل کی جا رہی ہے۔ ابھی اس منصوبے کو پبلک نہیں کیا جا رہا کہ معاندین یہ پروپیگنڈا نہ شروع کر دیں کہ خدا کو اسلام سے نکالا جا رہا ہے۔

ان میں ایک اہم گروہ 'ال۔فرقہ' ہے۔ ان کا عقیدہ ہے کہ اردو اور فارسی کے کسی بھی لفظ کے ساتھ 'ال' لگا دینے سے وہ لفظ عربی اور اسلامی بن جاتا ہے۔ مثلاً جوتوں کی دکان 'الپاپوش' کا اور مچھلی کے کباب کی دکان 'دار الماہی' کا سائن بورڈ لگانے سے عربی اور اسلامی ہو جاتی ہے۔ یاد رہے کہ جوتے کو فارسی میں 'پاپوش' اور مچھلی کو 'ماہی' کہتے ہیں۔ اسی طرح ایک عام ریستوراں 'ال تکہ والکباب' کا بورڈ لگنے سے اسلامی رنگ میں ڈھل جاتا ہے۔ اس فرقے کا کہنا ہے کہ 'ال' کے شارٹ کٹ سے عربی زبان کو رواج دینا بہت آسان ہوتا جا رہا ہے۔ 'حبیب' اگرچہ عربی ہے لیکن 'الحبیب' کہنے سے اس میں اسلامی روح بیدار ہو جاتی ہے۔ جہاں معاملہ زیادہ کٹھن ہو اور 'ال' سے کام نہ نکلے، وہاں اس کے ساتھ عربی الفاظ مثلاً 'البرکہ' یا براہ راست اسلامی کے لفظ کا اضافہ کیا جا سکتا ہے۔ مثلاً اسلامی ہسپتال، اسلامی بینک یا اسلامی دواخانہ، محمدی ریسٹورنٹ، مدینہ کیش۔ اس سے کاروبار میں بھی برکت ہوتی ہے اور ایمان بھی مضبوط رہتا ہے۔ عربی زبان کے لیے شارٹ کٹ کی ضرورت اس لیے پیش آتی ہے کہ عربی زبان سیکھنے کے لیے مدرسے میں سات آٹھ سال تو اس کی گرامر سیکھنے اور گردانیں رٹنے میں لگ جاتے ہیں۔ حال میں ایک اور دقت یہ پیدا ہوگئی ہے کہ ان گردانوں میں ضرب یضرب یعنی مارنے پیٹنے کا ذکر بہت زیادہ ہے۔ اپنی عربی دانی کے ثبوت کے لیے اگر کسی انٹرویو میں یہ گردانیں سنائیں تو دہشت گردی میں دھر لیے جانے کا خطرہ ہے۔ لگتا ہے کہ مار پیٹ عربی زبان کا پسندیدہ موضوع ہے۔ کبھی زید عمر کو مارتا ہے کبھی بکر عمر سے مار کھاتا ہے۔ آپ اس مار پیٹ کو صرف یاد کر سکتے ہیں، روک نہیں سکتے۔ نظریاتی کونسل نے بھی ہلکی پھلکی مار پیٹ کی اجازت دے رکھی ہے۔

شارٹ کٹ اسلام میں ایک فرقہ عملیات کے ماہرین کا ہے جو محبوب کو زیر کرنے، خاوند کو قابو میں لانے، طلاق کو آسان اور اولاد نرینہ کو یقینی بنانے کے لیے عربی اور اسلامی شارٹ کٹ نسخے لے کر اترے ہیں۔ کچھ شہد، کھجور، کلونجی وغیرہ کو کینسر، ہیپاٹائٹس اور اسی قسم کے ہر موذی امراض کا آپریشن کے بغیر کامیاب اسلامی علاج بتاتے ہیں جو ہسپتالوں کے طویل علاج معالجے کا مجرب اور شارٹ کٹ متبادل ہے۔

شارٹ کٹ اسلام میں دانشور فرقے بھی ہیں جو ہماری سیاسی، معاشی اور تعلیمی ضرورتوں کو پورا کرنے کے لیے فوری نافذ العمل اسلامی نظام پیش کرتے ہیں جن میں تیس منٹ سے کم عرصے میں مکمل اسلام سامنے آجاتا

ہے۔اس کے لیے نہ عربی زبان میں لکھی ضخیم کتابیں کھنگالنے کی ضرورت ہے اور نہ کسی درسگاہ میں عمر بسر کرنے کی۔شارٹ کٹ اسلامی نظام کی بنیاد اس اصول پر ہے کہ تمام قسم کے مغربی نظام طاغوتی اور غیر اسلامی ہیں۔اس لیے آپ مغربی طاغوتی نظام کی محض مخالفت سے بھی اسلامی نظام قائم کر سکتے ہیں۔

آج کل شارٹ کٹ اسلام اور شارٹ سرکٹ اسلام میں سخت مقابلہ چل رہا ہے۔شارٹ سرکٹ اسلام دراصل شارٹ کٹ اسلام کا شارٹ کٹ ہے جو آئینی جدوجہد کو لایعنی قرار دیتا ہے۔یہ فرقہ اسلام اور نفاذ شریعت پر یقین رکھتا ہے لیکن اس کے لیے کسی جمہوریت وغیرہ کا انتظار نہیں کرتا؛ نہ دشمن کا انتظار کرتا ہے، نہ اس کے حملے کا۔جہاد کے لیے دشمن کو حملے کا موقع دینا بے عقلی ہے۔جہاد دفاع کے لیے نہیں، دشمن پر غلبہ پانے کے لیے ہے تو دشمن پر غلبے کے لیے اسے گھر سے نکلنے سے پہلے مغلوب کرنا ضروری ہے۔اب دشمن کی تلاش کے لیے اس کا گھر نہیں ڈھونڈنا پڑتا۔اپنے ہی گھر میں لوگوں کو دشمن قرار دے کر ان کا صفایا کیا جاتا ہے۔اپنے گھر کو کمزور کرنے سے ایک طرف تو یہ یقین ہو جاتا ہے کہ اب دشمن کو ہمارے گھر پر حملے میں دلچسپی نہیں رہے گی۔دوسری جانب ہمارے بارے میں دشمن کا ذہن ماؤف ہو جائے گا۔وہ یہ فیصلہ نہیں کر پائے گا کہ ہم اس کے دشمن ہیں یا دوست۔

آج کل شارٹ کٹ اسلام اور شارٹ سرکٹ اسلام میں سخت مقابلہ چل رہا ہے۔تفتیش جاری ہے۔ حکومت احتیاطاً وقت بے وقت اعلان کرتی رہتی ہے کہ جب تک مجرم پکڑے نہ جائیں، کسی کو چین سے بیٹھنے نہیں دیا جائے گا۔اب دیکھیں بات کہاں تک پہنچتی ہے۔

[بشکریہ 'تجزیات آن لائن'، ۲۲ ستمبر ۲۰۱۶ء]

سوشل میڈیا سے خائف اشرافیہ

فرنود عالم

باقی دنیا کے لیے سوشل میڈیا رابطے کا کوئی اضافی ذریعہ ہوگا مگر پاکستان جیسے ملک میں یہ اظہار رائے کا ایک غیر معمولی ذریعہ ہے۔ جس سرزمین پر اظہار رائے جیسا بنیادی حق یرغمال ہو، وہاں سوشل میڈیا کا کردار وہی ہو جاتا ہے جو تیرھویں صدی کے آخر اور چودھویں صدی کے اوائل میں لگنے والے پرنٹنگ پریس کا تھا۔ علم اور سچائی بانہوں میں بانہیں ڈال کر چلتے ہیں۔ فریب کاریوں پر اٹھائے گئے معاشروں میں ان کا یوں سرعام ساتھ چلنا فحاشی کے زمرے میں آتا ہے۔ علم اور سچائی پر عام آدمی کی نظر پڑ جائے یہ مذہبی اشرافیہ کے ہاں غیر شرعی اور سیاسی اشرافیہ کے ہاں غیر قانونی ہوتا ہے۔ پرنٹنگ پریس نے علم اور سچائی کو بے پردگی کا پہلا موقع دیا۔ یورپ میں پہلا چھاپہ خانہ لگا تو ایوان اقتدار اور کلیسا میں پھیلنے والی تشویش کی لہر کی شدت یکساں ریکٹر اسکیل پر ریکارڈ ہوئی تھی۔ علم جو کہ صرف مذہبی اشرافیہ اور سیاسی اشرافیہ کے ہاں یرغمال تھا، عام آدمی تک اس کی رسائی کا امکان پیدا ہوا۔ اثر ورسوخ سے محروم مگر ذہانت سے بھرپور آدمی کے لیے امکانات روشن ہوئے کہ وہ اپنے نئے خیالات کو لکھ کر چھپوا سکے۔ پڑھنے والوں کے لیے ممکن ہوا کہ وہ نئے خیالات دینے والی کتابیں خرید سکیں، کرائے پر لے سکیں، کتب خانوں میں جا کر پڑھ سکیں یا پھر جن صاحبِ استعداد لوگوں نے کتاب خرید کر پڑھ لی ہے، ان سے اس کتاب کا مرکزی خیال جان سکیں۔ نئے خیالات کو شیخ وشاہ نے ہمیشہ ریاست اور مذہب کے لیے خطرہ قرار دیا ہے۔ چنانچہ یورپ کے چھاپے خانوں کے خلاف کلیسا نے فتوے صادر کیے اور ایوان اقتدار نے ان پر عمل درآمد کیا۔

شیخ وشاہ کے باہمی دلچسپی کے اسی اتفاق کے تحت دو صدی سے زائد کے عرصے تک پبلشروں کو موت کی سزائیں دی گئیں۔ مارے جانے والے تمام پبلشرز کو دو ٹائٹل ملے: 'غدار وطن' اور 'گستاخ مذہب'۔ جان ٹوائن تو اس حوالے سے استعارہ ہیں۔ استعارہ اس لیے کہ پیسے کمانا ان کا ترجیحی مقصد نہیں تھا۔ بنیادی طور پر وہ ایک سوچنے والے آدمی تھے۔ سوچنے والا ذہن اپنے نتائج فکر کا اظہار کیے بغیر سکون نہیں پا سکتا۔ جان ٹوائن کا ترجیحی

69
اسلامی معاشرہ اور مسلم ذہنیت

مقصد اس فکر کی ترویج تھا جسے وہ نئی نسل کے لیے بہتر سمجھتے تھے۔ ٹوائن نے اسی مقصد کے تحت ایک قابل دست اندازی پولیس کتاب شائع کردی۔ مصنف کا نام چھپا دیا۔ اس کتاب نے شیخ کی حرم اور شاہ کی بزم میں بیک وقت فکری ارتعاش پیدا کر دیا، کیوں کہ کتاب کا متن اقتدار میں عوام کی براہ راست شراکت پر اصرار کرتا تھا۔ جب اشرافیہ کی سیہ کاریاں اشرافیہ کے ہی گھڑے ہوئے مفروضوں اور الوہی تصورات کے دم قدم سے آباد ہوں تو سچ کہنے سے ریاست اور مذہب دونوں خطرے میں پڑ جاتے ہیں۔ ٹوائن سے مصنف کا نام پوچھا گیا، نہیں بتایا۔ شیخ نے قتل کا فتویٰ دیا، قاضی نے قتل کا فیصلہ دیا۔ کتاب شائع کرنے اور نام چھپانے کے جرم میں اسے پھانسی دے دی گئی۔ پبلشر، قاضی، مفتی، حاکم اور ان کے حامی دانشوروں میں سے آج کوئی نہیں ہے۔ پرنٹنگ پریس اور اس سے شائع ہونے والا سچ موجود ہے یعنی ٹائن موجود ہے۔

سلطنت عثمانیہ میں پہلا پرنٹنگ پریس پندرھویں صدی کے پہلے نصف میں ابراہیم رعد نے لگایا تھا۔ اس پرنٹنگ پریس کے خلاف پہلے جمعے کے خطبات میں اشتعال انگیز تقاریر ہوئیں، بعد ازاں معاملہ شیخ الاسلام کے حضور میں پہنچا۔ معاملے کا بغور جائزہ لینے کے بعد شیخ الاسلام نے تفصیلی فتویٰ جاری کیا۔ فرمایا، ''پرنٹنگ پریس کی مشینوں پر قرآن مجید کی کوئی آیت یا حدیث مبارکہ کا کوئی ٹکڑا شائع کرنا براہ راست اسلام کی توہین ہے۔ اور ایسے الفاظ جو قرآن وحدیث کا حصہ تو نہیں ہیں مگر مقدس تصور کیے جاتے ہیں، ان کی اشاعت بالواسطہ اسلام کی توہین ہے۔ پریس کی مشینوں پر کتابوں کی اشاعت یہود و نصاریٰ کی مشابہت ہے اور از روئے حدیث جو کفار کی مشابہت اختیار کرے گا وہ ہم میں سے نہیں ہوگا۔ جو لوگ اشاعت کا یہ جرم کر رہے ہیں وہ توبہ کریں۔ جو اشاعت کا سلسلہ جاری رکھیں، وہ از روئے شرع توہین اسلام کی سزا کے مستحق ہیں۔'' اس فتوے کے بین السطور میں چھپے منشا کو غیرت مند مسلمانوں نے سمجھ لیا۔ منشا کے عین مطابق وہ اشتعال میں آگئے اور تکبیر کی صداؤں میں ابراہیم رعد کے چھاپے خانے کو نذر آتش کر دیا۔ ابراہیم رعد جان بچا کر دائیں بائیں ہو گیا۔ رات کی تاریکی میں اپنے اہل خانہ کے ساتھ استنبول چھوڑ کر اسکندریہ کے ایک دور افتادہ گاؤں میں روپوش ہو گیا۔ اسلام کو پرنٹنگ پریس سے لاحق خطرات کے حوالے سے جب ہر طرف اطمینان کے سائے پھیل گئے تو پندرھویں صدی کے دوسرے نصف میں ایک عبقری عالم سعید آفندی نے پرنٹنگ پریس لگا دیا۔ مذہبی حلقوں میں پھر سے اشتعال پھیل گیا۔ سعید آفندی کو حاکم وقت سلطان احمد سوئم کی خاموش تائید حاصل تھی۔ (اس نے سوچا ہوگا کہ اس سے پہلے یوٹیوب پر پابندی لگا کر ہم نے کون سا فائدہ حاصل کر لیا تھا جو اب فیس بک پر بھی پابندی عائد کر دی جائے)۔ راسخ العقیدہ طبقے میں اشتعال تو تھا مگر حاکم وقت کی اس خاموش تائید ہی کے سبب فتویٰ ساز کارخانوں کی چمنیاں غیر متوقع طور پر کچھ ٹھنڈی پڑی ہوئی تھیں، مگر تا بکے؟ نکڑوں اور حجروں میں بیٹھے اینکر صاحبان نے اشتعال کی آنچ کو شام کے آٹھ پانچ پہ رکھا ہوا تھا۔ اشتعال بڑھا تو شیخ الاسلام نے نیا فتویٰ جاری کیا۔ چونکہ اس فتوے کو وزارت داخلہ کی پالیسی بھی بننا تھا، اس لیے پہلے والے فتوے کی نسبت یہ نیم سیاسی فتویٰ تھا۔ فرمایا، پرنٹنگ پریس لگانے میں تو کوئی حرج نہیں ہے، تاہم اس بات کو یقینی بنانا ہوگا کہ قرآن وحدیث کی اشاعت ان مشینوں پر نہ ہو، آئین ان دو قسم کی اشاعتوں کو گستاخی تصور کرتا ہے۔ یہود و نصاریٰ کا

لٹریچر ان مشینوں پر چھاپنے کی البتہ اجازت ہے، اس سے کسی بھی طرح کا وقار مجروح نہیں ہوتا۔''

اظہار پر جب بندشیں عائد ہوجائیں تو سعید آفندی اور جان ٹوائن جیسے دانشوروں کے لیے محدود اجازت بھی کھلی فضا کی مانند ہوتی ہے۔ یوں بھی صاحبِ ادراک کو پاؤں رکھنے کی جگہ درکار ہوتی ہے، در آنے کی سبیل وہ خود کر لیتا ہے؛ چٹان کے سینے پر مسلسل ٹپکنے والے پانی کے قطرے کی طرح۔ سعید آفندی نے ڈھونڈ ڈھونڈ کر 'نفرت انگیز' لٹریچر نکالا، شائع کیا۔ پیسے دو پیسے بھی مل جاتے اور سچائی کی ترویج کا مقصد بھی حاصل ہوجاتا۔ ایک جگر آزما صبر کے بعد سعید آفندی نے اس جرم کا ارتکاب کر ہی دیا جس کا ارتکاب انگلستان کے پبلشر نے کیا تھا۔ سعید نے ایک ناقابل اشاعت کتاب شائع کر کے بیچ کتب خانے لا کر رکھ دی۔ آج کے تناظر میں دیکھا جائے تو نہایت بے ضرر سی کتاب ہے، مگر اپنے وقت کے حساب سے یہ شیخ و شاہ کو آداب امامت و قیادت سکھانے کی ایک ناپاک جسارت تھی۔ یوں کہیے کہ طے شدہ امور کو چھیڑنے کی ایک ناقابل معافی جرأت تھی۔ سلطان احمد سوئم کو ذاتی طور پر یہ تو یہ کتاب زیادہ ناگوار نہیں گزری مگر مذہبی اشرافیہ، سیاسی اشرافیہ اور وزارت داخلہ ایک پیج پر پائی جاتی تھی۔ شیخ الاسلام کو اشرافیہ نے دارالحکومت کی ایک مسجد میں خود پال رکھا تھا۔ وہ کچھ بھی کہنے کے مجاز تھے۔ چاہیں تو بیچ شہر میں آگ لگا دیں چاہیں تو برقعہ اوڑھ کر اماں میں آجائیں۔ ان کے کہے اور وزیر داخلہ کے کہے میں شق اور آرٹیکل جتنا ہی فرق ہوتا تھا۔ ایف آئی اے کے افسران ان کی اقتدا میں نماز جمعہ ادا کرتے تھے۔ شیخ الاسلام مشکبو زنان خانے سے نکل کر دیوانی چھت پر آئے۔ پرانا فتویٰ پھر سے دوہرایا اور ایک اشتعال انگیز تقریر کر ڈالی۔ اس تقریر کی ایک ایک سطر سے اسٹیبلشمنٹ کو خاموش اتفاق تھا۔ مشتعل مسلمان منھ میں آگ لیے نکل پڑے۔ فسادات پھوٹ پڑے۔ ابراہیم رعد کی طرح سعید آفندی کا پرنٹنگ پریس بھی دیکھتے ہی دیکھتے دھواں ہوگیا۔ سعید آفندی ضعیف العمر والد کو لے کر قبرص کی طرف بھاگا۔ چھوٹے پبلشر بھی چھاپے خانوں کو تالے لگا کر چھاؤں میں بیٹھ گئے۔ کوئی سوال کرتا تو اہام الطبع دانشور کہتے، جب عدالتیں اپنا کام نہیں کریں گی تو پھر ایسا تو ہوگا۔ معاملات اس قدر کشیدہ ہوگئے کہ سلطان احمد سوئم کو اقتدار سے اور ان کے وزیر اعظم کو جان سے ہاتھ دھونے پڑ گئے۔ فتویٰ دینے والے اور فتویٰ سہنے والے، دونوں زمین کی پاتال میں اتر گئے۔ پرنٹنگ پریس اور شائع ہونے والا سچ مگر زمین کے اوپر آج بھی موجود ہے؛ یعنی سعید آفندی موجود ہے۔

پاکستان میں سوشل میڈیا نے مکالمے کی روایت کو استحکام بخشا ہے۔ جو سوالات مسندوں کے نیچے اور قلمدانوں کے پیچھے چھپا دیے جاتے تھے وہ پوچھے جانے لگے ہیں۔ تنقید کی جس ثقافت پر بندشیں عائد ہوتی تھیں، وہ اپنا منھ آپ چڑا رہی ہیں۔ جبر کے جھوٹ کو صبر کا سچ شکست دے رہا ہے۔ ایسے میں اگر اشرافیہ کو پریشانی لاحق ہوگئی ہے تو یہ دنیا کی معلوم تاریخ کا کوئی پہلا واقعہ نہیں ہے۔ طاقت کے تمام غیر جمہوری مراکز ایک صفحے کی ایک سطر پر کھڑے ہیں۔ شیخ کا فتویٰ، قاضی کا فیصلہ اور شاہ کا حکم پہلو بہ پہلو سامنے ہیں۔ مختلف سیاسی نقطۂ نظر رکھنے والوں کے لیے احتساب کا حربہ موجود ہے۔ یہ حربہ عدالت تک پہنچنے کی مہلت ضرور دے دیتا ہے۔ مختلف فکری نقطۂ نظر رکھنے والوں کے لیے توہین مذہب کا حربہ بروئے کار ہے۔ یہ حربہ عدالت تک پہنچنے کی مہلت بھی نہیں دیتا۔

انسان ہے تو موقع پر سنگسار کر دیتا ہے۔ ادارہ ہے تو کھڑے کھڑے جلا کر خاکستر کر دیتا ہے۔

... سوچنا ہوگا کہ ارتقا کا پہیہ سست روی کا شکار تو کیا جا سکتا ہے، روکا نہیں جا سکتا۔ امتداد زمانہ نے تو مصر کے سینے پر صدیوں سے ایستادہ ابوالہول کے خدوخال کو نہیں بخشا، اس سوچ کو کیسے بخش دے جس کی نمو ہی رواں دواں بہاؤ میں ہوتی ہے، جیسے پانی کو بہنا ہوتا ہے، سوچ کو بڑھنا ہوتا ہے۔ ہاتھ پیر باندھ کر اسے ۸۰ء کی دہائی میں اکڑوں نہیں بٹھایا جا سکتا۔ سوچ سماجی کارکن نہیں ہوتا کہ لاپتہ کر دیا جائے۔ سوچ این جی او بھی نہیں ہوتی کہ فنڈ پر چلا کرے۔ لوگ سولی چڑھ کر تہہ خاک اتر جاتے ہیں۔ پرنٹنگ پریس شکلیں بدلتا ہوا آگے بڑھ جاتا ہے اور فکر رائج ہو جاتی ہے۔ قافلہ تو گزر کر ہی رہے گا۔ رستہ دیکھیے، قافلہ دل وجاں سلامت گزرنا چاہتا ہے؛ نہیں، تو پھر جو مزاج یار میں آئے۔ سو بسم اللہ!

[بشکریہ 'ہم سب'، ۲۴ مئی ۲۰۱۷ء]

حجاب سے آگے

فاطمہ مرنیسی

ترجمہ: محمد ارشد رازی

مراکش کی ماہر عمرانیات اور حقوق نسواں کی معروف علمبردار فاطمہ مرنیسی ۱۹۴۰ء میں 'فیض' کے ایک متوسط درجہ کے گھرانے میں پیدا ہوئیں۔ رباط کی محمد پنجم یونیورسٹی سے تعلیم پانے کے بعد کچھ عرصہ پیرس میں مقیم اور شعبۂ صحافت سے وابستہ رہیں، پھر امریکہ میں اپنے تعلیمی سلسلہ کو آگے بڑھاتے ہوئے برینڈیز (Brandies) یونیورسٹی سے ڈاکٹریٹ کی ڈگری حاصل کی۔ مراکش واپسی پر محمد پنجم یونیورسٹی کے شعبہ عمرانیات سے وابستہ ہوگئیں۔

حقوق نسواں کی عرب مسلم علمبرداروں میں سے معروف ترین یہ مصنفہ دانشوروں کے محدود حلقے سے باہر بھی جانی جاتی ہیں۔ مراکش اور بیرون ملک، خصوصاً فرانس میں انھیں ایک عوامی شخصیت کی حیثیت حاصل ہے۔ کتابوں اور اخبارات و جرائد میں چھپنے والے مضامین کے علاوہ وہ ملکی اور بین الاقوامی کانفرنسوں میں مسلم خواتین کو درپیش مسائل اجاگر کرتی رہتی ہیں۔ مراکش، الجزائر اور تیونس کے قانون میں عورت کی حیثیت پر کتابوں کا ایک پورا سلسلہ ان کی زیر نگرانی چھپا۔

زیر نظر مضمون ان کی پہلی کتاب Beyond the Veils کا دیباچہ ہے۔ اس کتاب کی مقبولیت کا اندازہ اس بات سے لگایا جا سکتا ہے کہ اس کا فرانسیسی ترجمہ ۱۹۸۳ء اور انگریزی اور ڈچ ترجمہ ۱۹۸۵ء میں ہوا جب کہ جرمن ترجمہ شاید ۱۹۸۷ء میں انجام پایا۔ اردو میں اس کا ترجمہ مشعل بکس، لاہور نے ۲۰۰۱ء میں چھاپا۔ ہم یہاں اس اردو ترجمہ میں شامل مصنفہ کے دیباچہ کو معزز پبلشر اور مترجم کے شکریے کے ساتھ چھاپنے کی سعادت حاصل کر رہے ہیں۔

کیا آزادئ نسواں کے لیے مغربی ممالک میں اٹھنے والی تحریکوں جیسی کوئی نومولود تحریک مشرق وسطیٰ اور شمالی افریقہ میں بھی موجود ہے؟ اس قبیل کے سوالوں نے کئی عشرے تک مسلم خواتین کی صورت حال کے تجزیے کی بنیا بے تکے تقابل اور غیر متعینہ نتائج پر رکھی، اسے مسخ کیا اور آگے نہ بڑھنے دیا۔ مسلم خواتین پر بحث میں ڈھکے چھپے یا کھلم کھلا انداز میں، ان کا مغربی عورت سے تقابل ایک مستحکم روایت بن چکا ہے۔ مشرق اور مغرب؛ دونوں جگہ جب کبھی کون کس سے زیادہ مہذب ہے، کا سوال اٹھتا ہے تو اس روایت سے دامن نہیں چھڑایا جا سکتا۔

مغرب سے شکست خوردگی کے بعد مسلم ممالک مقبوضات بنے تو نو آباد کار استعمار نے شکست خوردہ مسلمانوں کو ان کی کمتری پر قائل کرنے کے لیے تمام دستیاب ذرائع استعمال کیے تاکہ ان پر بیرونی تسلط کا جواز فراہم کیا جا سکے۔ مسلمانوں کو تعدد ازواج پر مطعون کیا گیا اور مسلم خواتین کی پسماندگی پر بکثرت مگر مچھ کے آنسو بہائے گئے۔ ان حالات میں مسلمانوں نے خود کو کثیر زنی جیسے ماضی میں موجود اداروں کا دفاع کرتے پایا۔ اس دفاعی عمل میں بیشتر نے خود اپنے معیارات پر پورے نہ اترنے والے دلائل استعمال کیے۔ مثال کے طور پر کثیر زنی کے حق میں دلیل دی گئی کہ مرد کی کثیر زن فطرت کی تشفی کے لیے ایک ادارے کی تشکیل اس سے کہیں بہتر ہے کہ اسے خفیہ داشتائیں رکھنے پر مجبور کیا جائے۔

بدقسمتی سے یہ دلیل بازی ایک عام مسلمان اور نو آبادکار استعمار کے درمیان نہیں بلکہ موخر الذکر اور مسلم قومی تحریکوں کے درمیان تھی اور ان تحریکوں میں وہ دانشور بھی شامل تھے جو قبل ازیں مسلم خواتین کی آزادی کے حق میں آواز بلند کر چکے تھے۔ اس قضیے کی باقیات میں سے دو قضیے آج بھی مسلم دنیا میں عورتوں کی صورت حال کو متاثر کر رہے ہیں۔

(۱) چونکہ نو آبادکاروں نے مسلم خواتین کے مقدر کے پدرانہ دفاع کی ذمہ داری اٹھائی تھی، اس لیے ان کی حالت میں آنے والی ہر تبدیلی قابضین کی دی گئی مراعات میں شمولیت کا نتیجہ شمار کی گئی۔ چونکہ تحریک آزادئ نسواں کے ترک پردہ اور مغربی لباس اپنانے جیسے خارجی پہلو مغربی عورت کی توصیف اور اس کی برتری کو تسلیم کرنے کے مترادف تھے، اس لیے آزادئ نسواں کو غیر ملکی اثرات کے سامنے سپر اندازی کے مترادف خیال کیا گیا۔

(۲) آزادئ نسواں کے سوال کو تقریباً ہمیشہ ایک مذہبی مسئلہ کے طور پر دیکھا گیا ہے۔ قوم پرست تحریکیں ابتدا میں مذہبی تحریکوں کے طور پر ابھریں اور انھیں مغرب نے جدید معرکہ ہلال وصلیب قرار دیا گیا۔ قوم پرستوں نے آزادئ نسواں کی وکالت کسی حقیقی عالمی جدید نظریے کے بجائے اسلام کی فتح کے نام پر کی۔ 'مسلم سوشلزم' کے ساتھ بادشاہوں، فلسطینیوں اور ماؤازم کے حامیوں نے جو متنوع اور من چاہے معنی وابستہ کیے، اس امر کے غماز ہیں کہ اس طرح کا کوئی نظریہ موجود نہیں۔

اس کتاب سے میری غرض مسلم مشرق اور عیسائی مغرب میں عورتوں سے کیے جانے والے سلوک کا تقابل نہیں۔ میں سمجھتی ہوں کہ دونوں نظاموں کی بنیاد صنفی عدم مساوات پر ہے۔ میرا مقصد یہ واضح کرنا بھی نہیں کہ کون سا نظام بہتر ہے بلکہ میرے پیش نظر فقط مسلم دنیا کی صنفی حرکیات (Sexual Dynamics) کی تفہیم ہے۔

مشرق اور مغرب کے تقابل کو میں نے فقط وہاں استعمال کیا ہے جہاں یہ مسلم نظام میں ذو صنفی تعلقات کے منفرد پہلوؤں کو زیادہ اجاگر کرنے کے کام آسکیں۔

میرا مقصود عورت کو مرد سے الگ مان کر اس کا تجزیہ بھی نہیں ہے بلکہ میں نے عورت مرد تعلق کو مسلم نظام اور اس کی ساخت کے ایک جزو کے طور پر دریافت کرنے کی کوشش کی ہے۔ مجھے لگا ہے کہ مسلم نظام عورت کے اتنا خلاف نہیں، جتنا وہ صنفی اکائی کے ہے۔ جس امر سے خوف کھایا جاتا ہے، وہ یہ اندیشہ ہے کہ مرد اور عورت کا تعلق ایک ایسا محیط کل تعلق نہ بن جائے جو جانبین کی جنسی، جذباتی اور فکری ضروریات کی تشفی کرتا ہو۔ ان کا خیال ہے کہ ایسا تعلق انسان کے خدا کے ساتھ رشتۂ اطاعت کے لیے براہ راست خطرہ ہے جو تقاضا کرتا ہے کہ انسان کی تمام تر توانائیاں، افکار اور محسوسات غیر مشروط طور پر خدا کے ساتھ وابستہ ہوں۔ بیسویں صدی میں مسلم معاشرے کو جن دھما کہ خیز خطرات کا سامنا کرنا پڑا، ان میں سے ایک صنفی تعلقات میں آنے والی تبدیلی بھی ہے۔ اسلام اور عورت پر لکھے گئے وسیع ادب میں اس قضیے کو پوری شرح و بسط سے بیان کیا گیا ہے۔ غیر ملکی کافر طاقتوں کے ہاتھوں شکست خوردہ، مقبوضہ اور مغلوب مسلم معاشروں نے نتیجہ اخز کیا ہے کہ غیر ملکی تسلط کی سطح سے اٹھنے کا ایک ہی راستہ ہے کہ مرد و زن دونوں کو پیداواری عمل میں شریک کرتے ہوئے ساری دستیاب مسلم افرادی قوت کو منظر عام پر لایا جائے۔ لیکن اس مقصد کے لیے ناگزیر ہے کہ مسلم معاشروں میں عورتوں کو، جن کی اب بطور سپاہی اور کارکن ضرورت ہے، وہ تمام حقوق دیے جائیں جو ابھی تک روایتاً صرف مردوں کے لیے مختص رہی ہیں۔ مسلم معاشرے کو معاشرتی زندگی کے ہر شعبہ میں امتیاز و تقسیم ختم کرنا ہوگی اور ان اداروں کو توڑنا ہوگا جو صنفی عدم مساوات کی تجسیم ہیں۔

لیکن کیا ایسا معاشرہ جہاں مکمل الگ تھلگ رکھی گئی عورت کو نہ صرف اقتصادی بلکہ جنسی مساوی حقوق حاصل ہوں گے، مصدقہ اسلامی معاشرہ کہلانے کا حقدار ہے؟

جدید صورت حال کی جڑیں: ایک تعارف

مراکش اور دوسرے مسلم معاشروں میں جو امر متنازعہ تھا اور ہے، وہ عورت کے کمتر ہونے کا نظریہ نہیں بلکہ قوانین اور رسوم و روایات کا مجموعہ ہے جو عورت کو زیردستی کے مقام پر رکھنے کو یقینی بناتا ہے۔ ان میں سے اہم ترین مردوں کی حاکمیت پر مبنی عائلی قوانین ہیں۔ اگرچہ کئی ایک معاشرتی ادارے (مثلاً کاروباری معاہدے) مذہبی قانون کے احاطہ کار سے نکل گئے ہیں لیکن خاندان کا ادارہ ہمیشہ اس کے زیر اثر رہا۔ جدید دستور میں بھی مردانہ حاکمیت پر مبنی عائلی قوانین مؤثر مان لیے گئے۔

چونکہ مرد جدت پسندوں نے محنت کی صنفی تقسیم کی ضرورت کو تسلیم کرلیا ہے اور عرب مسلم ریاستوں کے سربراہان نے بھی صنفی عدم مساوات پر اپنی مذمت کی توثیق کردی ہے تو اس امر کا جائزہ لینا برمحل ہوگا کہ جدید عرب مسلم معاشروں میں صنفی مساوات کی ابھرتی ہوئی خواہش کو کس ردعمل کا سامنا کرنا ہوگا اور اس کے نتائج و عواقب کیا ہوں گے۔

درحقیقت یہ مسئلہ لاینحل دکھائی دیتا ہے۔ آزادیٔ نسواں جدید مسلم معاشروں کو پیش آمدہ سیاسی اور معاشی مسائل کے ساتھ براہ راست وابستہ ہے۔ مسلم اقوام کو لگنے والا ہر سیاسی دھچکا ترقی کے لیے ضروری تمام قوتوں کو بروئے کار لائے جانے کی ضرورت کا احساس دلاتا ہے لیکن یہاں ایک قضیہ یہ بھی ہے کہ کافروں کے ہاتھوں پہنچنے والی ہر سیاسی زک ان معاشروں کے سیاسی تشخص کی ازسرنو توثیق کی ضرورت کا احساس بھی دلاتی ہے۔ جدت اور روایت کی قوتیں بیک وقت حرکت میں آتی ہیں اور باہم متصادم ہو کر صنفی تعلقات پر اثر انداز ہونے والے ڈرامائی اثرات پیدا کرتی ہے۔

یہ کشمکش حکمت عملی میں نفوذ کرنے پر اپنا اظہار کن علامات کی صورت میں کرتی ہے؟ مراکش کو جدید، عرب اور مسلمان ہونے کا دعویٰ ہے۔ ان تخصیصی صفات میں سے ہر ایک کے ساتھ اس کے اپنے تقاضوں اور امنگوں کا ایک پیچیدہ سلسلہ وابستہ ہے۔ ان صفات سے وابستہ یہ تقاضے اور امنگیں بیشتر اوقات باہم تکمیلی نہیں بلکہ متصادم و متضاد ہوتی ہیں لیکن ان میں ہر ایک جدید مسلم طرز حیات کو ایک مخصوص رنگ اور قوت فراہم کرتی ہے۔

بطور ایک جدید ریاست کے مراکش اقوام متحدہ کا رکن ہے اور اس نے انسانی حقوق کے اعلامیہ پر دستخط بھی کر رکھے ہیں جس کی دفعہ ۱۶ میں سانی حقوق کے حوالے درج ہے: ''بلوغت کی عمر کو پہنچنے والے مردوں اور عورتوں کو، بلالحاظ مذہب، نسل اور قومیت حق حاصل ہے کہ وہ شادی کے ذریعے خاندان بنا سکتے ہیں۔ شادی کے معاہدے میں شامل فریقین کو عائلی معاملات، بجائے خود شادی اور شادی ناکام اور ٹوٹنے پر پیش آمدہ حالات میں یکساں حقوق حاصل ہیں۔''

تاہم بطور مسلم معاشرہ اپنے عائلی قوانین اور روایتی مسلم قانون کے مطابق رکھنے کی توثیق کرتے ہوئے، مراکش نے ایک ضابطہ متعارف کرایا جو ہر ممکنہ طور پر ساتویں صدی کی شریعت سے عین مطابقت رکھتا ہے۔ مثال کے طور پر دفعہ یا آرٹیکل ۱۲ میں ولی کو بطور ادارہ ازسرنو مستحکم کیا گیا، جس کے مضمرات کی رو سے ایک عورت ایک مرد سے شادی نہیں کرتی بلکہ عورت کا مرد ولی اس کی شادی ایک دوسرے مرد کے ساتھ کرتا ہے۔ عورت بجائے خود نکاح کی تکمیل نہیں کرتی بلکہ اسے چاہیے کہ وہ اپنی نمائندگی اپنے مقرر کردہ ولی کی وساطت سے کرے۔ دفعہ ۱۱ کی رو سے ولی کا مرد ہونا لازم ہے۔ انسانی حقوق کے اعلامیہ کی ایک کھلی اور واضح خلاف ورزی کی ایک مثال دفعہ ۲۹ ہے جس کی رو سے عورت پابند ہے کہ وہ صرف مسلم برادری میں شادی کر سکتی ہے۔ تاہم ایک مسلم مرد اور غیر مسلم عورت کی شادی ممنوعات میں شامل نہیں۔ خاوند اور بیوی کے حقوق و فرائض میں اتنا فرق ہے کہ انھیں الگ الگ دفعات کی صورت میں بیان کیا گیا ہے۔ دفعہ ۳۵ میں خاوند پر بیوی کے حقوق اور دفعہ ۳۶ میں بیوی پر خاوند کے حقوق کا بیان ہے۔

منطقی رویے کے متلاشی کسی بھی شخص کو جدید مسلم مراکش میں موجودہ صورت حال فی الواقع بے ڈھنگی لگے گی لیکن اگر بچکانہ حوالے پس پشت ڈالتے ہوئے اس صورت حال کی پیچیدگی کے ادراک کی سعی کی جائے، جس کے نتیجے میں افراد افعال بجالاتے اور اپنے افعال کا جائزہ لیتے ہیں تو پھر بظاہر پراگندہ، منتشر اور بے ترتیب

صورت حال موجود سیاق و سباق میں قابل فہم ہو جاتی ہے۔ جدید مراکش میں جہاں مرد و زن کی متضاد خواہشات، توقعات اور خدشات روز افزوں ہیں، ایسا انداز فکر صنفی حرکیات (Sexual Dynamics) میں خصوصیت سے اہم ہے۔ جدید مسلم زندگی کے لوازمات میں سے تین کا تجزیہ مجھے پیش کرنا ہے جو خاندانی ڈھانچے اور صنفی تعلقات پر اہم اثر ڈالتے ہیں۔

ا۔ صنفی مساوات کی ضرورت: مسلم مردوں کی چلائی گئی حقوق نسواں کی تحریکیں جن میں محنت کی صنفی تقسیم کو بدلنے کی کوشش کی گئی ہے۔

۲۔ عرب ہونے کی ضرورت: عرب قومیت پرستی جو دراصل مغربی استبداد اور تسلط کے نتیجے میں ابھرنے کا نتیجہ ہے۔

۳۔ مسلمان ہونے کی ضرورت: مذہب جو ایک کونیاتی نظریہ ہونے کے حوالے سے ایک تسکین دہ گہوارے کا کام کرتا ہے۔

صنفی مساوات کی ضرورت

حقوق نسواں کی تحریک عرب مسلم قومیت پرستی کا اظہار اور اس کی ذیلی پیداوار تھی۔ قاسم امین (۱۸۶۳-۱۹۰۸ء) اور سلمیٰ موسیٰ (۱۸۸۵-۱۹۵۸ء) کے خیال میں تحریک آزادئ نسواں رسوا کن مغربی اجارہ داری سے عرب مسلم معاشرتی آزادی کی ناگزیر شرط تھی۔ آزادئ نسواں سے ان کی مراد تمام شعبہ ہائے حیات میں خواتین کا مردوں کے برابر ہونا تھا۔ سلمیٰ موسیٰ اپنی کتاب 'عورت مرد کی کھلونا نہیں' میں آزادئ نسواں کی مغربی تحریک کو گمراہ کن قرار دیتے ہوئے مسترد کرتی ہے کہ یہ عورت کو ایک انسان کے درجہ پر فائز کرنے کی سعی نہیں کرتی ہے۔ انھوں نے اپنے ہم عصر نسوانی حقوق کے علمبرداروں پر زور دیا کہ وہ بجائے مغرب کے چین اور دوسری ایشیائی اقوام سے رہنمائی حاصل کریں لیکن یہاں میں تحریک نسواں کے لائحہ عمل کے مشمولات میں اس قدر دلچسپی نہیں رکھتی، جتنی اس کے وجود میں آنے اور ان حکمت عملیوں سے جو انھوں نے بطور اسٹریٹیجی اپنائیں۔

عرب معاشرے کی ایک بڑی خصوصیت ان کا مغرب اور اہل مغرب کے متعلق خبط کی حد کو پہنچا ہوا یہ شک ہے کہ وہ دوسروں پر غالب آنا چاہتے ہیں۔ ''اہل مغرب اور اہل مشرق کئی طرح سے الگ ہیں۔ ان کے مابین تفاوت میں سے ایک یہ ہے کہ اہل مغرب عموماً اہل مشرق پر غالب اور وہ انھیں ان کی کپاس، ربڑ، تانبے اور تیل سے محروم کر رہے ہیں۔ مشرق جب بھی اس چیرہ دستیوں کے خلاف بغاوت کی کوشش کرتا ہے، مغرب سے سزا پاتا ہے۔''

آزادئ نسواں کے علمبرداروں کے نزدیک مغربی غلبہ جن ستونوں پر استوار ہے، ان میں سے ایک ان کی پیداواری صلاحیت ہے۔ ''یورپ اور امریکہ میں پیداوار قابل ذکر حد تک زیادہ ہے اور یہ امر اس حقیقت کا مرہون منت ہے کہ وہاں مرد و زن دونوں پیداواری عمل میں شریک ہیں۔'' اس امر کو پیش نظر رکھا جائے تو مسلم معاشروں کی ناتوانی کی ایک وجہ یہ بھی ہے کہ آبادی کا فقط نصف حصہ کام اور پیداوار میں شریک ہے۔ آبادی کے

دوسرے نصف یعنی خواتین کو پیداواری عمل میں حصہ لینے کی ممانعت ہے۔ ''کسی معاشرے کی خامیوں میں سے ایک یہ بھی ہے کہ اس کے افراد کی اکثریت پیداواری عمل میں شریک نہیں۔ کسی بھی معاشرے کی کل آبادی کا نصف خواتین پر مشتمل ہوتا ہے۔ انھیں بے خبر اور غیر کارگر قرار دینے کے نتیجے میں کل معاشرتی پیداواری اہلیت کا نصف ضائع ہو جاتا ہے اور معاشرتی ذرائع پر بوجھ ثابت ہوتا ہے۔''

اسی باعث اگر مشرق کو قوت اور پیداواری صلاحیت میں مغرب کے مقابل آنا ہے تو تعلیم نسواں کا انتظام اور یوں انھیں پیداواری عمل میں شرکت کے اہل بنانا ناگزیر ہے۔ قاسم ایسے احمقانہ خیالات ونظریات کا ابطال کرتا ہے کہ عورتیں اپنی قوت کار اور ذہانت میں مردوں کے مقابل نہیں۔ اس کا دعویٰ ہے کہ ''اگر مرد جسمانی قوت اور ذہنی قویٰ میں عورتوں سے برتر ہیں تو اس کی وجہ یہ ہے کہ انھیں فعلی سرگرمیوں سے وابستگی کے ذریعہ اپنے ذہن وجسم کے استعمال کے ذریعے ترقی دینے کے مواقع فراہم کیے گئے۔'' اس کی دلیل یہ ہے کہ ایک بار عورتوں کو بھی یہی مواقع فراہم کر دیے جائیں تو یہ تفاوت فوراً دور ہو جائے گا۔

لیکن عورتوں کی تعلیم اور پیداوار میں شامل کرنے میں صنفی تفریق کا خاتمہ مضمر تھا اور ۱۸۹۵ء میں بہت سے لوگ اس عمل کو اسلام اور اس کے قوانین کے منافی خیال کرتے تھے۔ اب بھی بہت سے لوگوں کا عقیدہ ہے کہ عورتوں کو تعلیم دینا ضروری نہیں۔ تعلیم نسواں کی مخالفت میں کچھ لوگ تو یہاں تک چلے گئے کہ عورتوں کو لکھنے پڑھنے کی تعلیم دینا خلاف شریعت ومنشائے الٰہی ہے۔

امین نے ثابت کرنے کی کوشش کی ہے عورتوں کو معاشرے سے الگ تھلگ رکھنے کی وجہ اسلام نہیں بلکہ لا مذہبی رسوم ورواج تھے جو اسلام سے مغلوب ہونے والی قوموں پر پہلے سے چھائے ہوئے تھے اور اسلامی تعلیمات انھیں ختم نہ کر سکیں۔ وہ اتنا ضرور تسلیم کرتا ہے کہ مسلم قومی تاریخ میں غیر مذہبی، سیاسی اور رجعت پسند حکومتوں نے ان لادینی روایات کو مستحکم کیا۔ چنانچہ خواتین کو گوشہ نشین اور نظر انداز کرنے کی حوصلہ افزائی کرنے والے معاشرتی اداروں میں تبدیلی کسی طور خلاف اسلام نہیں۔ امین کی دلیل ہے کہ مذاہب میں عورتوں کو سب سے زیادہ آزادی اسلام نے دی۔ کسی بھی اور قانونی نظام سے پہلے مسلم قانون نے مرد وزن کی مساوات کو قانونی حیثیت دی اور ایسے زمانے میں ان کی آزادی اور آزادانہ حیثیت پر زور دیا جب تمام اقوام عالم میں انھیں کم تر اور حقیر ترین حیثیت حاصل تھی۔ اسلام نے انھیں تمام انسانی حقوق عطا کیے اور تمام معاملات میں ان کی قانونی حیثیت مردوں کے برابر تسلیم کی۔ لیکن جب روایت پرستوں نے مندرجہ بالا نقطہ نظر کے برعکس ثابت کرنے پر کمر باندھی تو یہ کام کچھ زیادہ مشکل ثابت نہ ہوا۔ جب تونس کے ایک جدت پسند نے ایک کتاب میں ثابت کرنے کی کوشش کی کہ آزادئ نسواں کا تصور اسلام سے متصادم نہیں، تو شیخ مراد نے اسے کیتھولک کا آلہ کار قرار دیا، جسے مسلم معاشرے کی تخریب کاری کے لیے خریدا گیا۔ شیخ مراد نے آگے چل کر ثابت کرنے کی کوشش کی کہ اسلام درحقیقت صنفی عدم مساوات پر یقین رکھتا ہے۔ شادی کا مطلب خاوند کی بالادستی ہے اور شادی ایک ایسا مذہبی عمل ہے جو انسانیت کے مفاد میں مرد کو عورت کی نگہبانی کے فرائض تفویض کرتا ہے۔

جدیدیت نے رفتہ رفتہ عورت کو گھروں سے باہر کمرہ جماعت، دفاتر اور کارخانوں میں دھکیل کر خاوند کی بالادستی کو قابل ذکر حد تک زک پہنچائی ہے۔ اگرچہ مراکش میں صنفی تفریق کی ٹوٹ پھوٹ کا عمل بہت سست اور کئی دہائیوں تک محض شہری علاقوں اور وہ بھی طبقہ بالا تک محدود رہا لیکن پھر بھی اس نے معاشرے کے صنفی توازن پر دوررس اثرات مرتب کیے؛ یہاں تک کہ بطور ردعمل اس طرح کے دعاوی کو ازسرنو انگیخت ملی کہ صنفی معاملات میں بھی اسلامی قوانین ابدی حیثیت کے حامل ہیں۔

عرب ہونے کی ضرورت

جدیدیت کے کچھ نظریہ سازوں نے اسلام کو معاشرتی آدرشوں کا منبع ماننے والے عربی الاصل معاشرے کی توثیق نو کی ضرورت سے انکار کیا اور اسے غیر اہم قرار دیتے ہوئے مسترد کردیا ہے۔ مثال کے طور پر لرنر (Lerner) بطور ایک سماجی سائنس دان اپنے کام کو آسان بناتے ہوئے پہلے تو جدیدیت اور مغربیت کو ایک ہی چیز قرار دیتا ہے اور پھر توثیق کرتا ہے کہ بغداد اور قاہرہ پر مغربیت چھاتی جارہی ہے۔ ''مشرق وسطیٰ میں غالب نظریات کی زیریں سطح پر ایک ہی احساس کارفرما ہے کہ پرانے طور طریقوں کا رخصت ہوجانا ہی بہتر ہے، کیوں وہ جدید تقاضوں کو پورا نہیں کرتے۔ کبھی مشرق وسطیٰ میں فقط بالائی طبقہ مغرب زدہ تھا اور محض عیش کوش طبقے کے بودوباش کو متاثر کرتا تھا لیکن اب جدت آبادی کے وسیع تر حصے میں نفوذ کررہی ہے اور سرکاری اداروں سے لے کر ذاتی امنگوں تک کو اپنی نوخیز 'مثبت روح' سے مس کررہی ہے۔''

لرنر نے یہ سطور ۱۹۵۸ء میں یعنی مصر پر اینگلو فرنچ حملے کے دوسال بعد لکھی تھیں جب عراق، شام، اردن، لبنان، لیبیا، تیونس، مراکش، قطر، کویت اور عدن میں ہونے والے مظاہروں نے ایک عرب ملک پر غیر ملکی جارحیت کے خلاف اپنے احتجاج کا اظہار کیا تھا۔ اگر لرنر نے پندرہ منٹ کو بھی بحیرہ روم کے کسی بھی ملک کی ریڈیو نشریات سنی ہوتیں اور اس نے 'اساسی نظریات' کو قدرے زیادہ وقعت دی ہوتی تو اسے لفظ 'مغرب زدگی' سے انگیخت پانے والی چبھتی ہوئی لاتعلقی کا یقیناً احساس ہوتا جو عیش کوش طبقے اور عوامی سطح دونوں جگہ پر پائی جاتی تھی۔ معاشرتی علوم کے حوالے سے خوش آئند بات یہ تھی کہ اسے معلوم ہوگیا کہ جدت کی طرف مشرق وسطیٰ کے رجحان میں ایک پیچیدگی خود اس کا اپنی ثقافت کا گرویدہ ہونا ہے جس کا سیاسی اظہار شدید قومیت پرستی اور نفسیاتی اظہار غیر ملکیوں سے نفرت میں ہوتا ہے۔

لیکن میرا خیال ہے کہ عرب نسل پرستی جسے لرنر پیچیدگی قرار دیتے ہوئے ایک طرف ڈال دینا چاہتا ہے، جدیدیت کی سب سے بامعنی خصوصیات میں سے ایک ہے۔ معاشرتی اداروں اور صنفی تعاملات پر عرب اور مسلمان ہونا ایک جیسے اثرات مرتب کرتا ہے۔

عرب ہونے کے تصور کی ایک خاص بات یہ ہے کہ بہت سی قومیتوں اور لوگوں نے، جنھوں نے اپنے عرب ہونے کے تصور کو کبھی اہم خیال نہیں کیا تھا، وہ دوسری جنگ عظیم کے بعد خود کو عرب محسوس کرنے لگے۔ عرب

ہونے کا دعویٰ آج نسلی نہیں بلکہ سیاسی معنی رکھتا ہے۔ بقول انور عبدالملک تیس کی دہائی سے پہلے اہل مصر فخر کرتے تھے کہ وہ فرعونوں کی تہذیب کے وارث ہیں اور یوں خود کو اہل عرب سے متمیز ہونے پر زور دیتے تھے۔ اہل مراکش کے ایک بڑے حصے کا بربر نسل کا ہونا کوئی راز نہیں اور مقامی لوگوں کی تقسیم میں دلچسپی رکھنے والے فرنچ نو آبادکار اس حقیقت کو تحریر و تقریر میں پُرزور طور پر استعمال کرتے تھے۔ ان کے لیے 'عرب'، 'بربر' تقسیم کو استعمال کرنا بہت آسان تھا۔ لیکن مراکش اور مصر جیسے ممالک نے بھی محسوس کیا کہ مغربی تسلط کا سامنا کرنے کے لیے بطور عرب متحد ہونا بہت ضروری ہے۔ چنانچہ شدید اضطرابی کیفیت میں وہ عرب قومیت کے جھنڈے تلے اکٹھے ہو گئے۔

چالیس کی دہائی میں علل الفصیح نے مراکش کے لیے ممکنہ لائحہ عمل طے کرنے کا تجزیہ کرتے ہوئے عرب ہونے کے سیاسی اور تمدنی مفہوم کو بالصراحت بیان کر دیا تھا: ''اپنی بقا اور خوش حالی کے لیے مراکش کو لازماً اقوام کے کسی بلاک میں شامل ہونا چاہیے۔ اس کے سامنے دو بلاک کھلے ہیں جن میں یہ شمولیت اختیار کر سکتا ہے۔ ایک فرنچ یونین جس نے تا حال کوئی واضح شکل اختیار نہیں کی ہے اور دوسری عرب یونین جواب حقیقت کا روپ دھار چکی ہے۔ ماضی کے تجربے سے پرکھا جائے تو موعودہ فرنچ یونین میں مراکش خود کو مشکلات میں گھرا پائے گا کیوں کہ مراکش اور فرانس میں عقائد و مفادات کی کشاکش موجود ہے۔ مراکش اس نتیجے پر پہنچ چکا ہے کہ وہ نو آبادیاتی یونین میں خوش نہیں رہ پائے گا بلکہ اسے خام مال کے ذخیرے اور فرانس کے خدمت گزار سپاہیوں کی فراہمی کا ذریعہ خیال کیا جاتا رہے گا، جب کہ دوسری طرف مراکش کی عرب یونین میں شمولیت اسے مشرق کے خاندان میں لے آئے گی، جس کے ساتھ وہ صدیوں وابستہ رہا ہے اور جس سے اسے ان وجوہات کی بنا پر خارج کیا گیا جو اس کے اختیار میں نہیں تھیں۔''

۱۹۴۵ء میں مراکش کا عرب تشخص اتنا واضح نہیں تھا اور فصیح کو اپنے مقصد کے حصول کے لیے عرب لیگ کے اولین اراکین سے درخواست کرنی پڑی تھی کہ وہ عرب ہونے کی تعریف اس طرح کریں کہ اقوام جو 'اتنی عرب نہیں'، اس پر پوری اتر سکیں۔

تاریخ نے ثابت کر دیا کہ فصیح اپنی پیش گوئیوں میں بالکل صادق تھا۔ اس کی جماعت کی خواہشات مراکش کی خواہشات بن گئیں اور بطور ایک آزاد قوم مراکش یکم اکتوبر ۱۹۵۸ء کو عرب لیگ کا رکن بن گیا۔ اس نے جون ۱۹۶۱ء کے Loi Fondamentale de Royaume میں جو بعد ازاں ۱۹۶۲ء کے آئین کی بنیاد بنا، اپنے عرب تشخص کی توثیق کی:

۱۔ مراکش ایک عرب اور مسلم ملک ہے۔

۲۔ اسلام ریاست کا سرکاری مذہب ہے۔

۳۔ ریاست کی سرکاری اور قومی زبان عربی ہے۔

مسلم ہونے کی ضرورت

اپنے عرب اور مسلمان ہونے کی توثیق اور اپنی آئیڈیالوجی مخصوص منابع سے اخذ کرتے ہوئے مراکش نے مخصوص امنگوں پر مبنی اپنا عالمی نقطۂ نظر بیان کیا۔ اگر عرب ہونے میں ایک خاص تمدنی اور سیاسی اندازفکر کا انتخاب مضمر تھا تو اسلام کے انتخاب میں بھی دنیا کے متعلق ایک خاص طرز فکر اور عمومی سطح پر تمام معاشرتی اداروں اور خصوصاً خاندان کی ایک خاص نہج پر ترتیب مدنظر تھی۔ اسلام محض ایک مذہب نہیں ہے، وہ دنیا کے متعلق کلیت کا حامل نظام فکر ہونے کا داعی ہے اور یہ کہ وہ خود مکتفی اور پُر آہنگ نظام ہے۔ اسے اس جہان خاکی کے سماجی، قانونی اور حتیٰ کہ سیاسی معاملات میں بھی افکار کی ایک اکائی ہونے کا دعویٰ ہے۔ نظریاتی طور پر ایک ایسی اکائی جو ایک مثالی نمونہ ہے۔

اب ہم دیکھیں گے کہ ایک مراکشی خاندان کے لیے مسلمان ہونے میں کیا کچھ مضمر ہے۔ ساتویں صدی میں حضرت محمد صلی اللہ علیہ وسلم نے امت یا اہل ایمان کی برادری کا تصور دیا۔ آپؐ کے معاصرین جن کی وفاداری کی جڑیں اپنے اپنے قبائل میں پیوست تھیں، اس تصور سے قطعاً ناآشنا تھے۔ قبائل بدوی مذہبی تصورات (Totemic) سے مملو حیاتیاتی گروہ تھے۔ آپؐ کو ایمان لانے والوں کی وفاداریاں قبائل سے ہٹا کر امت کے ساتھ وابستہ کرنا تھیں، جو مذہبی عقائد پر مبنی ایک بلندتر اور زیادہ ترقی یافتہ نظریاتی گروہ تھا۔ اسلام نے افراد کے گروہ کو اہل ایمان کی برادری میں بدل دیا۔ اس برادری کی کچھ خصوصیات تھیں جو نہ صرف برادری میں شامل افراد کے باہمی تعلقات بلکہ بیرونی دنیا سے برادری کے اجتماعی اور انفرادی تعلقات کا بھی تعین کرتی تھیں۔

اپنی داخلی اندرونی ساخت میں امت افراد کی ایک ایسی جمعیت ہے جو باہم نسلی یا خونی رشتوں کے بجائے ایک مشترکہ مذہب کے بندھن سے وجود میں آتی ہے۔ اس جمعیت میں شامل تمام افراد ایک خدا اور اس کے پیغمبر محمدؐ کی رسالت پر ایمان رکھتے ہیں۔ خدا کے ساتھ تعلق میں تمام اہل ایمان، نسلی تفاوت سے قطع نظر مساوی ہیں۔ اپنے خارجی پہلو میں بھی امت دوسرے تمام معاشرتی ڈھانچوں سے منفرد و متمیز ہے۔ امت اپنے اراکین کے باہمی تعلق اور باقی انسانیت کے ساتھ اپنے تعلقات کے لیے خدا کے سامنے جواب دہ ہے۔ یہ ایک ایسی یک جان اور ناقابل تقسیم تنظیم ہے جس کی ذمہ داری ہے کہ حق کا پرچم بلند رکھے، انسان کو خدا کی راہ پر چلنے کی تلقین کرے اور انھیں رشد و ہدایت یا زور بازو سے اچھائی کی ترغیب دے اور برائی سے منع کرے۔

امت کو وجود میں لانے اس کے استقرار کے لیے حضرت محمد صلی اللہ علیہ وسلم نے جو طریقے اختیار کیے، ان میں سے ایک مسلم خاندان کی تخلیق تھا، جو اس وقت موجود کسی بھی صنفی بندھن سے منفرد تھا۔ وحدانی ساخت اس کا طرۂ امتیاز تھا، یہ وحدانی ڈھانچہ ڈھیلا ڈھالا نہیں بلکہ اپنی ساخت اور ماہیت میں اس تعریف کے مطابق اچھی طرح متعین تھا۔ حضرت محمدؐ کی انقلابی معاشرتی جمعیت کی ندرت اس امر کی متقاضی تھی کہ اس کے قواعد کو تفصیلی ضابطۂ قانون کی شکل دی جائے۔ جنس ان جبلتوں میں سے جن کی تشفی کو اسلام نے یقینی بنایا اور اس مقصد کے لیے ابتدائی سالوں ہی میں مفصل قوانین وضع کیے۔ جنسیت اور شریعت کے مابین مسلم ذہن میں جو تعلق پایا جاتا ہے،

اس نے نظریاتی اور قانونی سطح پر مسلم خاندان کی ساخت کو متشکل کیا، جس کے نتائج میں سے ایک دوصنفوں کے درمیان تعلق بھی ہے۔ امتدادِ زمانہ کی دستبرد سے محفوظ اپنا تشخص برقرار رکھنے والی تاریخ کا ایک پہلو یہ بھی ہے کہ خاندانی ڈھانچہ حکم الٰہی کے باعث ناقابل تغیر ہے۔

روایت اور جدت پسندوں کے درمیان ایک تنازعہ ساری بیسویں صدی میں چلتا رہا۔ روایت پسندوں کا دعویٰ ہے کہ اسلام صنفی کرداروں میں کسی تبدیلی کی اجازت نہیں دیتا، جب کہ جدیدیت کے علمبردار دعویٰ کرتے ہیں کہ اسلام میں صنفی کرداروں میں تبدیلی، معاشرتی تفریق کے خاتمے اور صنفی مساوات کی گنجائش موجود ہے لیکن اس ایک امر پر دونوں گروہ بہرکیف متفق ہیں کہ اسلام کو بطور معاشرے کی مقدس بنیاد کے موجود رہنا چاہیے۔ اس کتاب میں مجھے یہ دکھانا مقصود ہے، سرکاری پالیسی کے مطابق اسلام کی تشریح اور صنفوں کے درمیان مساوات میں بنیادی تضاد ہے۔ اس کے مطابق صنفی مساوات اسلام کی اساس کی خلاف ورزی ہے اور اس اساس کو قوانین کی صورت دی جائے تو ان کی رو سے ذو صنفی محبت حزب اللہ کے لیے خطرناک ہے۔ مسلم شادی مردانہ بالا دستی پر مبنی ہے۔ صنفی تفریق کا خاتمہ معاشرتی نظام میں عورت کے مقام کے حوالے سے اسلامی نظریے کے خلاف ہے۔ اسلام میں عورت ؛ باپ، بھائیوں اور خاوند کی زیردست ہونا چاہیے۔ ان کے خیال میں چونکہ اللہ کے نزدیک عورتیں تخریبی عناصر ہیں، انھیں نہ صرف بہ اعتبار مکان محدود ہونا چاہیے بلکہ سوائے عائلی امور کے انھیں ہر طرح کے معاملات سے باہر رکھا جانا چاہیے۔ گھر کی چار دیواری سے باہر عورتوں کی رسائی بھی مردوں کی زیر نگرانی ہونی چاہیے۔

عام مفروضے کے برعکس اسلام عورت کی کمتری کا بھی کوئی خیال پیش نہیں کرتا۔ اس کے برعکس اسلام صلاحیت واہلیت کے اعتبار سے دونوں اصناف کے برابر ہونے کی توثیق کرتا ہے۔ موجودہ عدم مساوات کی اساس عورت کی نظریاتی یا حیاتیاتی کمتری کے کسی نظریے پر نہیں ہے بلکہ یہ خاص معاشرتی اداروں کی پیداوار ہے جنھیں اس کی طاقت پر قدغن لگانے کے لیے وضع کیا گیا۔ یہ ادارے صنفی تفریق اور عائلی ڈھانچے میں عورت کی زیردستی پیش کرتے ہیں، ان اداروں نے بھی عورت کی کمتری کا کوئی باقاعدہ، منظم اور مدلل ومسکت نظریہ پیش نہیں کیا۔ درحقیقت مردوں کی شروع کردہ اور ان کی زیر قیادت چلنے والی حقوق نسواں کی تحریکوں کے لیے آزادیٔ نسواں کی توثیق کا حصول کچھ ایسا مشکل نہ تھا، کیوں کہ روایتی اسلام بھی صنفی مساوات کو تسلیم کرتا ہے۔ بلا لحاظ صنف، نسل یا معاشرتی مقام ومرتبہ بشر کی انفرادی جمہوری سربلندی اسلامی تعلیمات کا مغز ہے۔

مغربی تمدن میں صنفی عدم مساوات کی بنیاد عورت کی حیاتیاتی کمتری کے ایقان پر مبنی ہے۔ یہ امر مغرب میں آزادیٔ نسواں کی تحریکوں کے کچھ پہلوؤں کی وضاحت بھی کرتا ہے۔ مثلاً وہاں ایسی تحریکوں کی قیادت ہمیشہ عورتوں کے ہاتھوں میں رہی، ان کے ثمرات سطحی ثابت ہوئے اور یہ کہ ایسی تحاریک مرد عورت حرکیات (Dynamics) کے حوالے سے کوئی بھی اہم تمدنی تبدیلی لانے میں ناکام رہیں۔ لیکن اسلام میں عورت کی کمتری کا ایسا کوئی تصور موجود نہیں۔ اس کے برعکس پورے نظام کی بنیاد اس مفروضے پر ہے کہ عورتیں طاقتور اور خطرناک مخلوق ہیں۔ کثیر زنی، طلاق اور جنسی تفریق جیسے صنفی ادارے انھیں طاقتوں کی تحدید کی حکمت عملی کا حصہ

خیال کیے جاسکتے ہیں۔

عورت کی طاقت کا یہ اثبات اسلامی منظر میں مرد وزن کے تعلقات کے ارتقا پر روشنی ڈال سکتا ہے جو مغربی تمدن میں اس نوع کے نمونے سے مختلف ہے۔اس کی وضاحت ایک مثال کی مدد سے یوں دی جاسکتی ہے کہ اگر صنفی مراتب اور تعلقات میں کوئی تبدیلی آتی ہے تو یہ مغرب میں اس نوعیت کی تبدیلی کے مقابلے میں انقلابی اور شدید تر ہوگی، بلکہ لازماً زیادہ تناؤ، کشمکش، پریشانی اور جارحیت پیدا کرے گی۔ مغرب میں آزادئ نسواں کی تحریکیں مرد کے ساتھ مساوی ہونے پر مرتکز ہوتی ہیں لیکن عالم اسلام میں ایسی تحریکیں صنفوں کے مابین تعلقات کی نوعیت کے حوالے سے اٹھیں گی اور انھیں مرد وزن ہر دو کی قیادت میسر ہوگی۔ چونکہ مرد بخوبی سمجھ سکتے ہیں کہ عورت کا دبایا جانا خود ان کے خلاف ہوگا، چنانچہ تحریک آزادئ نسواں اپنی ماہیت میں صنفوں کے مابین کشمکش کی بجائے نسلوں کے درمیان کشمکش بن جائے گی۔ بیسویں صدی کے شروع میں نوجوان قوم پرستوں اور پرانے روایت پسندوں کی باہمی مخالفت کا ایک پہلو یہ کشمکش بھی تھی۔حالیہ دور میں اس کی ایک مثال طے شدہ شادیوں کے مرتے ہوئے ادارے کے زمانہ میں بچوں اور والدین کے درمیان ہونے والی کشمکش ہے۔

اگر مسئلہ صرف آزادئ نسواں کا ہے (اور اس سے مراد محض عورت مرد مساوات ہے) تو پھر مسلم معاشرے میں جو چیز خطرے سے دوچار ہے، وہ عورتوں کی حریت نہیں بلکہ ذو صنفی اکائی کا انجام ہے۔مردوں اور عورتوں کی معاشر سازی (Socialize) یوں کی جاتی ہے کہ وہ ایک دوسرے کو دشمن خیال کریں۔سماجی زندگی میں کم ہوتی ہوئی تفریق نے مرد وزن دونوں کو محسوس کروایا ہے کہ وہ ضروریات کی تشفی کے علاوہ بھی ایک دوسرے کو دوستی اور محبت دے سکتے ہیں۔مرد وزن کو ایک دوسرے کا دشمن خیال کرنے والا نظریہ دونوں کو فاصلے پر رکھنے کی کوشش کرتا ہے اور مرد کو بطور ایک ادارے کے اختیار عطا کرتا ہے کہ وہ عورت کو زیر دست رکھے لیکن پچاس برس قبل جہاں مسلم نظریے اور اصلیت میں آہنگ و توافق پایا جاتا تھا، اب اس حقیقت میں واضح عدم مطابقت اور تفاوت پایا جاتا ہے۔ یہ کتاب اس عدم مطابقت کے کئی پہلوؤں کو نہ صرف دریافت کرتی ہے بلکہ اس کے نتیجے میں مراکش میں مرد وزن کے تعلقات کی حرکیات میں ناگزیر طور پر ابھرنے والی نئی حرکیات کا مطالعہ بھی کرتی ہے۔مراکشی معاشرت کا یہ پہلو مسلم روایات اور جدت کا حیران کن امتزاج ہے۔

امت بیک وقت ایک سیاسی اور مذہبی گروہ ہے اور اس میں مذہبی اور لامذہبی امور کے مابین تعلق کا مسئلہ اٹھنا ناگزیر ہے۔اسلام نے اس تضاد کا حل یوں تلاش کیا کہ غیر مذہبی معاملات بلا استثنا مذہبی مقتدرہ کے ماتحت کرتے ہوئے لامذہبی مقتدرہ کے حق قانون سازی کو تسلیم کرنے سے انکار کردیا۔

H.A.R. Gibbs لکھتا ہے: ''امت کی حاکمیت اللہ اور صرف اللہ کے پاس ہے۔اس کی حاکمیت بلا واسطہ ہے اور امت کا آئین اور قانون ان احکام پر مشتمل ہے جو اس نے رسول پر اتارے اور چونکہ خدا ہی واحد قانون ساز ہے، اس لیے اسلامی سیاسی نظریے میں قانون سازی اور قانون سازی کے اختیارات کی کوئی گنجائش نہیں۔اس طرح کے اختیارات نہ تو کسی حاکم کو حاصل ہیں اور نہ ہی کسی طرح کی مجلس کو۔کوئی بھی مسلم ریاست اس

اعتبار سے خودمختار نہیں کہ اسے قانون سازی کے اختیار حاصل ہیں، اگرچہ اسے آئینی ڈھانچے کی تشکیل میں ایک خاص حد تک آزادی حاصل ہے۔ منطقی اور زمانی لہر دو اعتبار سے قانون کو ریاست پر تقدم حاصل ہے اور ریاست کے قیام واستقرار کا واحد مقصد اس قانون کا نفاذ اور بقا ہے۔ مختصراً یہ کہ ریاست ہو یا مقننہ، ایک مسلمان کسی لادینی قوت کا تابع نہیں ہوسکتا۔ وہ اپنے اتباع میں شریعت کا پابند ہے جو فنا اور بشریت دونوں سے ارفع ہے۔ خدا کا قانون ساز ہونا قانونی نظام کو ایک خاص ہیئت دیتا ہے۔ اول تو یہ کہ انسانی قانون سازی کی نفی ہوجاتی ہے۔ بالصراحت یہ کہ اسلامی نظریے میں انسانی قانون سازی کی کوئی گنجائش موجود نہیں ہے اور یہ کہ انسان ضابطہ سازی میں بھی پابند ہوجاتا ہے کہ اس کا ہر اقدام الوہی قوانین کے زیادہ مؤثر اطلاق کے لیے ہونا چاہیے۔ خدا کے قانون ساز ہونے کے مضمرات میں سے دوسرا یہ ہے کہ اس کا قانون ناقابل تغیر ہے جو انسانی اعمال کا ابدی محاسب ہے۔ شریعت کو عالمگیر سطح پر قانون الٰہی تسلیم کیا جاتا ہے۔ خدا، جس ممکنہ حد تک انسانی قیاس آرائی اس کا احاطہ کرسکتی ہے، ناقابل تغیر ہے اور اس امر میں ایک مومن کے لیے یہ بھی مضمر ہوسکتا ہے کہ اس کا قانون بھی ناقابل تغیر ہے۔ تیسرے یہ کہ شریعت ایسے معاملات کو بھی قانون کے تابع کردیتی ہے جو عام طور پر دوسرے شعبہ ہائے حیات سے متعلق ہیں۔ چنانچہ قانون، جیسا کہ اسے ایک مغربی وکیل خیال کرتا ہے، مکمل اسلامی نظام کا محض ایک جزو ہے، بلکہ ایک جزو کی بجائے اس نظام کے ایسی عناصر ترکیبی میں سے ایک ہے جنھیں الگ الگ نہیں کیا جاسکتا۔ شریعت کی اسلامی اصطلاح، جس کی تشریح انگریزی لفظ قانون (Law) میں کی جاتی ہے، سے دراصل مراد 'کلی انسانی فریضہ' ہے جس میں جزئیات اور الٰہیات اور اخلاقیات، بلند تر روحانی مقامات، جزیات سے مملو رسمی عبادات اور احکام کی رسمی اور باقاعدہ بجا آوری شامل ہے۔ انفرادی اور اجتماعی حفظان صحت اور حتیٰ کہ فیاضی اور اچھے آداب بھی شریعت کا جزو لازم ہیں۔

جدید قانونی نظام ایک ایسی اصطلاح ہے جسے اہل مغرب مخصوص معنوں میں استعمال کرتے ہیں۔ کیا اسلامی دنیا ان مخصوص معنوں میں ایک قانونی نظام وضع کرنے میں ناکام ہوگئی ہے؟ کیا آج کی مسلم دنیا میں حکومتی اور نجی معاملات پر لاگو ہونے والے قانون وہی ہیں جن کے رہنما خطوط حضرت محمدؐ نے کھینچے تھے؟ بلاشبہ نہیں۔ امت میں افراد اور تنوع روز افزوں تھا اور شریعت کو روزمرہ زندگی کے ہر لحظہ بدلتے حقائق کے دوبدو ہونا پڑتا تھا۔ مکاتب فقہ وجود میں آنے لگے اور فقیہہ نمودار ہونا شروع ہوئے۔ انھوں نے سرتوڑ کوشش کی کہ اہل ایمان کی روزمرہ زندگی کے حقیقی مسائل کا شرعی حل دریافت کرنے کے لیے احکام الٰہی کی تشریح اور ان سے استنباط کریں۔ اس کا نتیجہ یہ نکلا کہ رفتہ رفتہ کچھ معاملات مذہبی قوانین کے دائرہ اطلاق سے باہر ہونے لگے۔ جوزف شیکٹ (Joseph Shacht) نے اسلامی قوانین کے دائرہ کار میں آنے والے معاملات کو دو اقسام میں بانٹا ہے۔ پہلی قسم میں وہ معاملات آتے تھے جن پر اسلامی شریعت اپنی گرفت قائم رکھنے میں ناکام رہی، جیسے تعزیرات، محصولات، آئینی قوانین، جنگی قوانین اور تجارتی معاہدات وتمسکات وغیرہ۔ دوسری قسم میں وہ معاملات آتے ہیں جو صدیوں اسلامی قوانین کے دائرے میں آتے رہے اور جن میں سے کچھ آج بھی موجود ہیں۔ خالص مذہبی

فرائض، عائلی قوانین، وراثتی قوانین اور مذہبی اداروں کے لیے وقف کے قوانین سب اسی دوسری قسم سے تعلق رکھتے ہیں۔ یہ معاملات مذہب کے ساتھ نہایت گہرے طور پر وابستہ رہے اور آج بھی ہیں۔

شریعت کے دائرے میں آنے والے کسی معاملے میں حکومت کی مداخلت اس امر کی بین دلیل ہوتی ہے کہ لامذہبی مقتدرہ اعلیٰ کا نظریہ پہلے سے قبول کیا جا چکا ہے۔ شیکٹ لکھتا ہے: ''جہاں از روئے شریعت ایک مسلم روایتی حکمران کو اسلام کے مقدس قانون کا خادم ہونا چاہیے، وہاں ایک جدید حکومت اور خصوصاً جس کی پشت پر مقتدرہ کے جدید نظریے کے مطابق ایک پارلیمنٹ ہو، خود کو اپنا مالک قرار دیتی ہے۔''

مگر اس کے باوجود لامذہبی اقتدار اعلیٰ کے تصور کو جذب کر لینے کے بعد بھی، امت مسلمہ نے شریعت کی حاکمیت کے روایتی علمبرداروں کی حمایت کی اور عائلی قوانین میں جدید قانون سازی کی شدت سے مزاحمت کی۔

جدید قانون سازی کے پس پردہ تاریخی مفادات

ساتویں صدی میں حضرت محمدؐ کے انقلابی گروہ کی سرگرمیوں کے برعکس اسلامی دنیا میں ہونے والی جدید سرگرمی کا سرچشمہ فرد اور معاشرے کے درمیان تعلق کا نظریہ نہیں بلکہ جدید قانون سازی کی بنیاد نوآبادیاتی قوتوں نے ڈالی اور وہی اس عمل کو آگے بڑھانے کی ذمہ دار تھیں۔ نوآبادیاتی نظام کے خاتمے پر نوآزاد قومی ریاستوں نے بھی قانون سازی کا کام انھی خطوط پر جاری رکھا۔ ہر دو صورتوں میں ہیئت مقتدرہ کے مفادات کے مقابلہ میں فرد کے مفادات کو عموماً اور خواتین کے مفادات کو خصوصاً ثانوی اہمیت حاصل رہی۔

نوآبادیاتی قوتوں نے مسلمانوں کی قانون سازی میں جو مداخلت کی، اس کا محرک مقامی باشندوں کے لیے کوئی آدرشی تردد نہیں بلکہ ان کے اپنے مالی مفادات تھے۔ ۱۷۷۲ء کے بعد سے ہندوستان کے اینگلو محمڈن لا اور ۱۸۳۰ء کے بعد سے الجزائر کے Droik Muslman کی تشکیل و ترویج میں اسی طرح کے عوامل کارفرما تھے۔

مسلم قانون سازی میں غیر ملکی طاقتوں کی مداخلت کا نفسیاتی نتیجہ یہ نکلا کہ شریعت کی تقلیب ہوئی اور اسے مسلم تشخص اور امت کی وحدت و جمعیت کی علامت مان لیا گیا۔

مسلم ریاستوں کی آزادی کے بعد جدید قانون سازی میں عوام الناس کا مفاد پیش نظر نہیں تھا۔ روایتی قانون کے ماہرین اور جدت پسندوں، جو زیادہ تر مغربی مفہوم کے مطابق وکیل تھے، کے درمیان ہونے والی کشاکش کا نئے قوانین سے گہرا تعلق تھا۔ اس لڑائی کو محض قانون کے متعلق مختلف خیالات رکھنے والے ماہرین کے مابین کشمکش قرار دینا غلط ہوگا۔ دراصل یہ پیشہ وروں کے دو گروہوں کی جنگ تھی، جو وہ اپنے مفادات کے لیے لڑ رہے تھے۔ نیا قانون اس نوعیت کا تھا کہ روایتی وکیل نوجوان وکیلوں کے حق میں اپنے مفادات کے ایک حصے سے دستبردار ہونے پر مجبور ہو گئے۔

مراکش کی قومی تحریک کو جنگ آزادی اور قومی تعمیر کے درمیانی عبوری دور کا تجربہ نہیں ہوا۔ ''غیر ملکیوں کو باہر

کرنے کے بعد، قوم پرست اپنے نظریے اور سیاسی تنظیم کو سماجی تبدیلی کے لیے آلہ کار کے طور پر استعمال نہ کر سکے۔ مراکشی مورخ عبداللہ لاروئی کے خیال میں اگر تبدیلی کے لیے ضروری تصورات کو پیش نظر رکھ کر دیکھا جائے تو قوم پرست تحریک آزادی ملنے سے ہی پہلے دم توڑ گئی تھی۔ وہ ۱۹۳۰ء کو اس تحریک کا سال تدفین قرار دیتا ہے۔ پچاس کی دہائی کے نصف سے ۷۰ کی دہائی کے نصف تک اہم کردار ادا کرنے والے گروہوں میں سے کسی نے بھی ملکی مسائل کے حل پر مربوط تجاویز کا کوئی سلسلہ پیش نہیں کیا۔

آزادی کے بعد کی حکمت عملی کی نمایاں خصوصیت یہ تھی کہ دور رس نتائج پر لائحہ عمل کے تحت فیصلے کرنے کی بجائے ان کی بنیاد وقتی ضرورت اور تجربیت پر رکھی گئی۔ نو آزاد ریاستوں کی ذمہ داری ان عوامل میں سے ایک تھی جو قانون سازوں کے لیے قوت محرکہ ہونے کے ساتھ ساتھ ان کے فیصلوں کو بھی متشکل کر سکتے تھے۔ ایک حقیقی جدید آئیڈیالوجی دینے میں ان کی نااہلی کا نتیجہ یہ نکلا کہ عائلی قوانین کو براہ راست روایتی نظریات اور معاصر احتمالات پر انحصار کرنا پڑا اور یہی ان قوانین کے دور حاضر سے عدم آہنگ اور بے ربط ہونے کی وجہ ہے۔

ایک حقیقی جدید نظریے کی عدم موجودگی میں، بطور واحد موجود مربوط نظریے کے، روایتی اسلام کی گرفت مضبوط ہوگئی اور عوام الناس اور حکمران دونوں کو اس سے رجوع کرنا پڑا۔ چنانچہ اگر مراکش اور اس جیسے دوسرے نو آزاد مسلم ممالک نے باقی ہر طرح سے مغرب زدہ آئین میں عائلی قوانین کو من و عن تسلیم کر لیا تو حیرت کی کچھ بات نہیں۔

۱۹۵۷ء کے قانون میں مسلم ضابطۂ قانون لکھنے کی غرض سے ایک کمیشن کی تشکیل کا جواز فراہم کرتے ہوئے لکھا گیا کہ ''اس امر کو ملحوظ خاطر رکھتے ہوئے کہ سلطنت مراکش ایک ایسے دور سے گزر رہی ہے، جب ہر چیز اور خصوصاً آئینی معاملات میں دور رس تبدیلیاں وقوع پذیر ہو رہی ہیں، اس امر کے پیش نظر کہ مسلم قانون خصوصی نزاکت کا حامل ہے، جس کی تشریح و توضیح کئی طرح سے ہو سکتی ہے اور اس امر کے پیش نظر کہ اس قانون کے مشمولات کو ایک ضابطہ میں لانا اشد ضروری ہے تا کہ اس کی تدریس اور اس پر عمل درآمد میں مشکل پیش نہ آئے، ہم نے ایک کمیشن بنانے کا فیصلہ کیا ہے جسے نجی مسلم ضابطۂ قانون کی جامع اور مفصل تدوین کا کام سونپا جا سکے۔''

Code du Statut Personnel کی رو سے اگر یہ ضابطہ کسی تنازعہ میں معاونت نہیں کرتا تو رہنمائی کے لیے مالکی فقہ سے رجوع کیا جائے گا۔ مالکی فقہ کے بانی امام مالک بن انس آٹھویں صدی کے ایک قاضی اور مدینہ کے شہری تھے۔ موطا امام مالک میں انھوں نے عائلی زندگی کی بنیادوں کو دو ابواب میں بیان کیا ہے جن میں سے ایک شادی اور دوسرا طلاق پر ہے۔ امام مالک کے موطا اور مراکش کے شخصی قانون میں جتنی مماثلت پائی جاتی ہے، وہ ثانی الذکر کے اول الذکر سے محض متاثر ہونے سے کہیں بڑھ کر ہے۔ عصر حاضر کے قانون سازوں نے امام مالک کے دور کے اس غالب نظریے پر کوئی سوال نہیں اٹھایا کہ جنسیت ایک مذہبی معاملہ ہے اور اسے مذہبی قوانین کے تابع ہونا چاہیے۔......

[بشکریہ 'حجاب سے آگے'، مشعل بکس، لاہور، ۲۰۰۱ء]

اشعر نجمی کی مرتب کردہ دیگر کتابیں

ہندوستانی مسلمان اور اسلام

ہندوستانی مسلمانوں کے نئے عذاب

ہندوستانی مسلمانوں کا مزاج

ہندوستانی مسلمانوں کی آبادی

نیا ہندوستان نیا قانون شہریت

ہندوستانی مسلمانوں کی تعلیمی صورت حال

اشعر نجمی کی مرتب کردہ دیگر کتابیں

ہندوستانی سیاست میں مسلمانوں کی حصہ داری

ہندوستان میں مسلمانوں کی معاشی صورت حال

انڈین مسلم پرسنل لاء اور یونیفارم سول کوڈ

آل انڈیا وقف بورڈ اور قومی میراث کا قضیہ

ہندوستان میں مسلم عورتوں کے چیلنجز